Ricordi

Francesco Guicciardini

Ricordi

Consejos y advertencias para la vida
civil y política

Edición a cargo de Jorge del Palacio

Alianza editorial
El libro de bolsillo

Título original: *Ricordi*

Primera edición: octubre de 2025

Diseño de colección: Estrada Design
Diseño de cubierta: Manuel Estrada

PAPEL DE FIBRA
CERTIFICADA

© de la traducción, introducción, notas y cronología: Jorge del Palacio, 2025
© Alianza Editorial, S. A., Madrid, 2025
    Calle Valentín Beato, 21
    28037 Madrid
    www.alianzaeditorial.es

ISBN: 979-13-7009-066-1
Depósito legal: M. 12.917-2025
Printed in Spain

Índice

Introducción

Ricordi: el «libro secreto» de Francesco Guicciardini

Por Jorge del Palacio

Fig. 1: *Retrato de Francesco Guicciardini* (antes de 1605), por Cristofano dell'Altissimo, Galleria degli Uffizi, Florencia.

Francesco Guicciardini nació el año 1483 en la Florencia de Lorenzo «el Magnífico». Florencia era una ciudad rica y orgullosa del «vivere libero e civile» que garantizaban sus instituciones de autogobierno y la soberanía de su Estado. Sin embargo, cuando la muerte alcanzó a nuestro autor, en el año 1540, todo había cambiado. A pesar de que la sola mención de Florencia seguía evocando esplendor y belleza, a pesar de que la ciudad aún era cuna de artistas, mercaderes y banqueros, había dejado de ser una república para convertirse en un principado, que en manos del joven duque Cosimo de Medici —hijo del célebre condotiero Giovanni «de las bandas negras»— caminaba hacia el absolutismo. España, por lo demás, había consolidado su hegemonía sobre la península italiana, subordinando los Estados italianos a la esfera de influencia de su política. En definitiva, se había consumado el fin de la llamada «libertad de Italia».

Francesco Guicciardini, miembro de una de las familias más poderosas e influyentes del patriciado florentino, vio con sus propios ojos el derrumbamiento de una época en la que Florencia había gozado de poder y libertad e Italia de paz y estabilidad. La política florentina no era un negocio pacífico. La lucha por el poder entre las principales familias de la ciudad a veces se saldaba con largos exilios o cruentos ajustes de cuentas, como ilustró la «conjura de los Pazzi». Los imponentes palacios con torreones de origen medieval que aún caracterizaban el urbanismo de la Florencia del Quattrocento hablaban por sí solos de la necesidad de seguridad que las grandes familias sentían aún dentro de los muros de la ciudad. Guicciardini, no obstante, desarrolló la habilidad de su padre Piero para sobrevivir a los cambios de régimen y supo arreglárselas para colmar su ambición de poder acumulando cargos y responsabilidades en gobiernos de distinto signo. El gobierno popular de Piero Soderini envió a Guicciardini a España como embajador ante la corte de Fernando el Católico. Y tras la restauración del poder de los Medici nuestro autor fue protagonista de una larga carrera como funcionario del Estado de la Iglesia al servicio de León X (1513-1521), Adriano VI (1522-1523) y Clemente VII (1523-1534). Desde la posición de privilegio que otorgaba su condición de consejero papal y hombre de confianza de los Medici en Roma y Florencia, Guicciardini fue protagonista del proceso histórico que llevó a la derrota del modelo político del Renacimiento italiano.

Los *Ricordi* de Guicciardini —cuya elaboración comienza precisamente en España en 1512 y termina en Roma en 1530— recogen de manera fiel el espíritu de un mundo que se dirige hacia su ocaso. Los consejos y advertencias que los componen están escritos a modo de manual de comportamiento práctico para consumo exclusivo de su familia, siguiendo una arraigada tradición de la aristocracia florentina. Los *Ricordi*, por tanto, son el fruto de una escritura íntima y personal que nunca tuvo como destinatario al público general, de ahí el sobrenombre de «libro secreto» con el que la crítica se ha referido a la obra (Ridolfi 1982, 241). No obstante su vocación práctica, una lectura atenta de los *Ricordi* permite descubrir que su escritura está animada por una preocupación de carácter filosófico: la crisis radical de los fundamentos del saber (Cutinelli-Rendina 2009, 247).

La crisis del Renacimiento en Italia no solo desnudó la impotencia de las repúblicas, ducados y principados italianos para competir con los intereses de los grandes Estados modernos que se afirmaban en Inglaterra, Francia o en España. También supuso el cuestionamiento de todo un sistema de valores e ideales que caracterizaron la civilización del Renacimiento. Los *Ricordi* ilustran a la perfección la quiebra de un mundo caracterizado por la fe humanista en la fuerza de la razón, en la confianza casi ilimitada en el potencial de la naturaleza humana y la creencia en la normatividad de los clásicos. Guicciardini, en este sentido, es un pensador que nos lleva de la mano hacia un nuevo escenario filosófico marcado por el escepticismo, el pesimismo antropológico y la redefinición del concepto de historia como *magistra vitae*.

En consecuencia, a pesar de que los *Ricordi* aún recogen algunos guiños al ideal renacentista de la *dignitas hominis* —que encuentra su momento más alto en la famosa oración de Pico della Mirandola— la mayoría de los consejos y advertencias que Guicciardini brinda a sus lectores están muy lejos del optimismo y la confianza que se desprende del primer Renacimiento. Al contrario, los *Ricordi* nos recuerdan la precariedad de la vida humana con un tono doliente y grave que recuerda la solemnidad de los textos bíblicos (Varotti 2009, 111). El hombre, dominado por la fuerza de sus pasiones, sujeto a la incertidumbre de una realidad sometida al capricho de la fortuna, ni siquiera cuenta con un conocimiento que le permita sobreponerse por completo a su circunstancia trágica. Como nos dirá el propio Guicciardini:

> Cuando considero a cuántos accidentes y peligros de enfermedad, de azar, de violencia, y de infinitos modos, está sometida la vida del hombre, cuántas cosas deben suceder a lo largo de un año para que la cosecha sea buena, nada me maravilla más que ver un hombre viejo o un año fértil (161).

Los *Ricordi*, por tanto, constituyen una dramática toma de conciencia de los límites de la racionalidad humana que enlaza con la tradición del escepticismo moderno. Guicciardini asume, de un lado, que la razón no es señora de la Historia. No es capaz de descubrir su «telos» o sentido último, porque las «cosas del mundo» se encuentran sometidas a mil accidentes y se conducen sin programa ni guion, haciendo que su fin sea imprevisible. De otro lado, para Guicciardini la razón tampoco puede entender el sentido de la voluntad divina. Motivo por el cual la religión no puede ser la clave hermenéutica que permite interpretar el sentido de la historia de los hombres «sub specie divina». Como escribirá en su monumental *Storia d'Italia*: «no puede sino decirse que los juicios de Dios son un misterio para los hombres» (Barbuto 2002, 79-80).

Guicciardini nos enfrenta, por tanto, a un mundo en crisis en el que la razón no es capaz de descubrir verdades definitivas que doten de orden y estructura a las «cosas del mundo». Y a pesar de ello Guicciardini no renuncia a la empresa de producir criterios de orientación para la vida civil y política. Unos criterios, limitados y parciales en su alcance, pero que deben servir para conquistar algún grado de seguridad, algún grado de certeza o de dominio sobre la realidad. Dado que este orden no puede tener un fundamento o principio ni inmanente ni trascendente, para sobrellevar «la oscuridad de las cosas» a la que los hombres están condenados Guicciardini propone poner en práctica el arte de la «discreción».

A saber, con «discreción» —que deriva del latín *discerno* («separar» o «distinguir»)— Guicciardini se refiere al proceso de producción de conocimiento que se apoya en la distinción entre lo accidental y lo esencial. Se trata de un ejercicio de análisis que permite organizar y racionalizar «las cosas del mundo» para entender el fin al que están ordenadas. La idea de la «discreción» remite, por tanto, a un tipo de racionalidad práctica orientada a examinar la realidad caso a caso, circunstancia a circunstancia, privilegiando la excepción sobre la regla como fuente singular e irrepetible de conocimiento. No en vano, el pensamiento político de Guicciardini puede definirse como un pensamiento del «particular» (Cutinelli-Rendina 2009, 248-249; Barbuto 2002, 108-109).

De aquí la fuerza metodológica del consejo 6 en el que Guicciardini avisa de la equivocación que supone tratar de entender las «cosas del mundo» «de manera indistinta y absoluta» y «conforme a regla». Por lo general, Guicciardini vincula la tendencia a interpretar las «cosas del mundo» «conforme a regla» al tipo de formación libresca que no está mediada por la experiencia. Y en el contexto de la cultura humanista del Renacimiento esta posición supone una crítica directa a una comprensión mecánica del concepto de Historia *magistra vitae* como adecuación perfecta entre el pasado y el presente:

> Hablar de las cosas del mundo de manera indistinta y absoluta, y por así decir, conforme a regla, es un gran error. Porque casi todas presentan distinciones y excepciones debidas a la variedad de las circunstancias, que no pueden ser sometidas a un mismo patrón. Y estas distinciones y excepciones no se encuentran en los libros, sino que debe enseñarlas la discreción (6).

Por tanto, los Ricordi componen un manual de comportamiento para la vida práctica que asume como fundamentos el carácter limitado de la razón y una realidad sin estructura ni principio organizador reconocible para los hombres. Esta es la razón por la cual el concepto de «Ricordi» —en el sentido popular florentino— remite a la idea de «consejo», «advertencia» o «aviso» que educa la mirada y familiariza al lector con la existencia de problemas, dilemas o disyuntivas particulares cuya solución es siempre inédita y depende de la «condición de los tiempos». Los *Ricordi* de Guicciardini, por tanto, no son máximas o principios que se dicen de valor y aplicación universal. Son consejos, fruto de una meditación sobre un caso particular, que se deben mantener «frescos en la memoria» para que puedan ser útiles al arte de la «discreción» (9).

Francesco Guicciardini es ante todo un pensador político. A pesar de la gran variedad de temas que abordan los

Ricordi Guicciardini nos ofrece su mejor versión cuando se hace cargo de los asuntos de Estado. No en vano, los *Ricordi* constituyen una suma de reflexiones e ideas que Guicciardini utilizó como puntos de apoyo teórico para la composición de sus obras genuinamente políticas como el *Discorso di Logrogno*, el *Discorso sul reggimento di Firenze* o la *Storia d'Italia*. Al punto de que algunos de los consejos y advertencias se incrustan literalmente o se utilizan repetidos, casi palabra por palabra, en sus tratados de política. En este sentido, resulta necesario no perder de vista que el pensamiento político de Guicciardini —como toda reflexión política del Renacimiento italiano, por lo general— coincide con el ciclo de las «Guerras de Italia». Y esta experiencia directa de la guerra —que desnuda el vínculo genético entre política y violencia, de la primacía del «kratos» sobre el «logos»— inclina su pensamiento hacia la tradición del realismo político.

El ciclo de las Guerras de Italia (1494-1559) —que enfrentó a España y Francia por el control de la península italiana— puso fin al periodo de paz y seguridad que el equilibrio de poder que nació del Tratado de Lodi había garantizado a los principales Estados italianos desde 1454. Las Guerras de Italia comenzaron con la entrada de Carlos VIII en Italia el año 1494 y esta fecha inauguró un tiempo marcado por la guerra y la violencia, por la inseguridad y la inestabilidad, por el hambre y la enfermedad, que puso a los Estados italianos a merced de unas potencias extranjeras que desnudaron la incapacidad militar, política y diplomática de los príncipes y señores italianos para garantizar su libertad y soberanía. El ciclo de las Guerras de Italia, puede decirse así, supuso la derrota efectiva del modelo de Estado del Renacimiento italiano (Pellegrini 2017, 39).

En su obra histórica Guicciardini describió la entrada de Carlos VII en Italia como «una llama y una peste». Y en los *Ricordi* también recuerda que antes de 1494 las guerras entre los Estados italianos eran lentas, apenas causaban heridos y sus implicaciones políticas era limitadas:

Antes de 1494 las guerras eran largas, las batallas no eran sangrientas y expugnar las ciudades era una tarea lenta y difícil. Y si bien ya estaba en uso la artillería, se utilizaba con tan poca destreza que apenas hacía daño. De modo que quien gobernaba un Estado era casi imposible que lo perdiese. Sin embargo, vinieron los franceses a Italia e introdujeron en la guerra tal viveza que a la altura de 1521 quien perdía la campaña, perdía también el Estado (C64)

Maquiavelo —gran amigo de Guicciardini y también testigo junto a él de la «ruina de Italia»— también fue muy consciente de la ruptura que el año 1494 supuso en la historia de la política italiana. Y dedicó uno de los pasajes más duros de su libro *Del arte de la guerra* a la impericia e ineptitud de los príncipes y señores italianos:

Nuestros gobernantes italianos, antes de que experimentase los golpes de las armas extranjeras, creían que les bastaba con hacer alarde de agudas respuestas en los salones, saber redactar una hermosa carta, o mostrar en conversación agudeza e ingenio, saber tramar una perfidia, adornarse con oro y pedrería, comer y dormir con más lujo que los demás, rodearse de placeres, tratar a sus súbditos con avaricia y soberbia, pudrirse en el ocio, otorgar graciosamente los ascensos en el ejército, despreciar a los que mostrasen sanas inclinaciones y pretender que su palabra fuese la voz del oráculo. Y no se daban cuenta los infelices de que se preparaban para ofrecerse como presas al primero que los asaltara. Por eso se produjeron en 1494 los grandes sustos, las fugas repentinas fugas y las pérdidas milagrosas; y así tres poderosos Estados que había en Italia han sido repetidamente saqueados y devastados (2003, 198-199).

Precisamente, en su libro *Del arte de la guerra* —publicado en 1521— Maquiavelo no pudo dar cuenta de uno de los momentos más trágicos y violentos del ciclo de las «Guerras de Italia»: el *sacco* de Roma de 1527. Para Guicciardini fue uno de los momentos más dolorosos de su carrera política. El *sacco* de Roma —que sometió la ciudad a un proceso de caos, devastación y violencia espectaculares— certificó el fracaso de la estrategia anti imperial que Guicciardini había defendido ante Clemente VII en su condición de consejero papal y lugarteniente del ejército pontificio. El autor de los *Ricordi* entendió que tras la victoria de Carlos V en la batalla de Pavía los Estados italianos se veían amenazados por el peligro efectivo de una «tiranía» imperial. En estas circunstancias nace la Liga de Cognac que en 1526 unió a Francia, Venecia, Milán, Florencia y los Estados Pontificios en un frente común contra Carlos V. Nótese en este punto que la posición antiimperial de Clemente VII que Guicciardini animó se enmarcaba en la lógica del «equilibrio de poder» que había inspirado tradicionalmente la política exterior del papado: cuando una potencia europea amenazaba la libertad de los Estados italianos estos reaccionaban coaligándose para apoyar a su principal rival. No debe perderse de vista que la política del papado había favorecido la configuración de la cristiandad como un universo de potencias pequeñas, medianas y grandes en perpetuo conflicto entre sí como la mejor estrategia para evitar la concentración de poder en manos de un solo príncipe que hiciese efectivo el título de *monarchia universalis*. Y en el contexto de las «Guerras de Italia» el papado había asumido progresivamente el rol de tutor de la «libertad de Italia» como mejor estrategia para garantizar su propia «libertas Ecclesiae» en Occidente y un papel de árbitro de la política en Italia (Pellegrini 2013, 131-132). De este modo, el fracaso de la política antiimperial defendida por Guicciardini no solo trajo consigo la humillación puntual de Clemente VII y la expulsión de los Medici de Florencia. También supuso el final abrupto de todo un modelo de papado del Renacimiento que a partir de Julio II —convertido en verdadero modelo de papa-guerrero— afirmó a la Iglesia en Italia y en Occidente como un Estado con ambición política y territorial, dispuesto a perseguir sus intereses «con armas temporales o espirituales» (48).

La experiencia directa del ciclo de las Guerras de Italia enfrentó a los pensadores del Renacimiento con una política que mostraba con toda su crudeza el primado de la ley del más fuerte. Una ley por la cual siempre «se acuerda hacer sufrir al que menos fuerza tiene» (144). No es extraño, por tanto, que tanto Guicciardini como Maquiavelo sean portavoces de una concepción de la política como lucha por el poder que reduce al silencio la voz de la conciencia. Una lucha que a veces se conduce a través de la ley y la persuasión racional, pero que otras veces encuentra su camino a través del fraude y la fuerza. Por decirlo con *El Príncipe*, la política es el territorio del centauro y exige al príncipe que aspira a conservar su poder ser hombre y ser bestia y «saber usar una y otra naturaleza» porque «la una no dura sin la otra» (Maquiavelo 2023, 119).

Ciertamente, el pensamiento político de Guicciardini que el lector encontrará condensado en los *Ricordi* se identifica con el paradigma del realismo político. Un paradigma que encuentra su origen e inspiración en la *Historia de la guerra del Peloponeso* de Tucídides. Y cuyas principales ideas —simples pero de hondas consecuencias para la filosofía política moderna— también sirven para estructurar el pensamiento político de Guicciardini. En los *Ricordi* encontramos un concepto del proceso histórico como resultado del entrelazamiento de la necesidad *(anánke)*, la casualidad o contingencia *(tyche)* y los factores humanos *(ta antróphina),* que el humanismo bautizaría como «necesidad», «fortuna» y «virtud». También encontramos una antropología pesimista que presenta a los hombres como seres egoístas dominados por la ambición de poder. Una visión polemológica del mundo en el que el dominio del más fuerte se impone como una ley natural. Y una aproximación amoral a la política en virtud de la cual los hombres y los Estados toman sus decisiones con arreglo a lo «útil» antes que en atención a lo «justo» (Cesa 2023; Portinaro 2025).

Los *Ricordi* cumplen, por tanto, con la doble dimensión descriptiva y prescriptiva del paradigma del realismo político. De un lado, el realismo de Guicciardini redescribe la realidad desvelando el peso que el interés y la voluntad de domino tienen en la política. Por eso llama a desconfiar de la sinceridad de los grandes ideales —ya sean de orden político, religioso o moral— e invita a sus lectores a considerar la centralidad de la fuerza, el interés, la ambición, la utilidad o el fraude en el proceso político. Los hombres, para

Guicciardini, son animales mistificadores que esconden sus verdaderos intereses bajo la bandera de los más nobles ideales. «No creáis a quienes predican la libertad con pasión, pues casi todos —o más bien sin excepción— persiguen intereses particulares» (66) dirá Guicciardini en uno de sus consejos más célebres.

Michel de Montaigne, lector atento de la *Storia d'Italia* de Guicciardini, no fue indiferente a la crudeza del realismo de nuestro autor. Y dejó constancia en el ensayo titulado «De los libros»:

> Heme percatado también de esto: que todos los espíritus y hechos que juzga, de tantos impulsos e ideas, jamás relaciona alguno con la virtud, la religión o la conciencia, como si estas hubieran sido borradas del mundo; y de toda acción, por bella que sea en apariencia por sí misma, busca la causa en alguna intención pecaminosa o en algún provecho (Montaigne, 2013, 427).

De otro lado, en su dimensión prescriptiva el realismo político se convierte en «arte de gobierno». A saber, en un conjunto de máximas o consejos prudenciales orientados a garantizar la supervivencia en un mundo político —ya sea intramuros o extramuros— caracterizado por la presencia de actores hostiles, desigualdades radicales y escasez de recursos. Y donde la única alternativa a someter es ser sometido (Portinaro 2025, 80-81). Precisamente, es esta hostilidad constitutiva del mundo político el que decanta que en el realismo la lógica de lo «útil» se imponga por su propio peso a la lógica de lo «justo», contraviniendo en este punto la enseñanza de Cicerón en *Sobre los deberes*. Para Guicciardini «Los

Estados no se conservan respetando la conciencia» (48), principio que confirma la concepción de la política como una esfera autónoma de la actividad humana que responde a su propia lógica. A saber, que santifica aquellos medios —desde el engaño o la disimulación hasta las «medicinas fuertes, o para decirlo claro, crueles»— que se muestran útiles a la «conservación del dominio».

La redacción C de los *Ricordi* fue completada por Guicciardini en Roma en la primavera de 1530, mientras las tropas imperiales mantenían la ciudad de Florencia bajo asedio. En virtud del Tratado de Barcelona —firmado por Carlos V y Clemente VII en junio de 1529— el emperador devolvió a Clemente VII los Estados Pontificios y se comprometió a restaurar el poder de los Medici en Florencia, mientras que el papa se comprometió a coronar emperador a Carlos V. No obstante, a pesar de que la paz sellada entre Clemente VII y Carlos V auguraba un futuro prometedor para los intereses de los Medici y su círculo de poder después del *annus horribilis* de 1527, la redacción C de los *Ricordi* suma a la crudeza del realismo político la melancolía y el pesimismo del hombre de Estado que ha vivido la derrota de su política. Después del «sacco» de Roma el sentimiento de fracaso va a ser una constante que domina la vida de Guicciardini contribuyendo a radicalizar —aún más si cabe— su pesimismo natural sobre la condición humana y su escepticismo ante la capacidad de los hombres para escapar al capricho de la fortuna.

Quien examina con atención las cosas humanas no puede negar el grandísimo poder que la fortuna ejerce sobre ellas, pues se ve de manera continua que son sacudidas con fuerza por accidentes fortuitos y que no está en manos de los hombres ni preverlos ni evitarlos. Y si bien la astucia y la diligencia de los hombres puede suavizar muchas cosas, no bastan solas pese a todo, sino que aún se necesita la buena fortuna (30).

La elaboración de la versión C de los *Ricordi* también coincide en el tiempo con la escritura de una obra muy particular que Guicciardini dejaría inacabada: las *Considerazioni intorno ai «Discorsi» di Machiavelli*. Ciertamente, Guicciardini ya había llevado a cabo una crítica de las ideas políticas de Maquiavelo en el *Dialogo del reggimento di Firenze*, obra cuya escritura culmina en 1525. Sin embargo, en 1530 asume la tarea de comentar sistemáticamente los *Discursos*, cuya publicación con privilegio papal de Clemente VII se preparaba en los círculos mediceos de Roma. Y si bien se trata de una empresa que nunca llegaría a buen puerto, pues Guicciardini abandonará el proyecto dejándolo inacabado, se trata de una referencia obligada para entender la intensidad de la presencia de Maquiavelo en los *Ricordi*. Guicciardini no solo criticará al autor de los *Discursos* por su tendencia a mitificar la lección de los antiguos y su inclinación natural por el libresco «vivere alla filosofica», sino también por el carácter filopopular de su republicanismo.

Las vidas paralelas de Guicciardini y Maquiavelo no solo nos ofrecen lo más granado de la tradición del realismo político florentino, así como dos variantes —elitista y popular— de su tradición republicana. También son dos pensadores que nos ofrecen lo mejor de su pensamiento *post res perditas*. Tras el naufragio de sus carreras políticas, toda la experiencia práctica adquirida por ambos florentinos en el ejercicio del gobierno se convierte en la llave que abre la puerta a los secretos del poder. Con una gran diferencia, Maquiavelo se sobrepone a la desilusión causada por su caída en desgracia con un optimismo que le lleva a prometer el dominio del arte de la política al príncipe que se conduzca con arreglo a ciertas reglas que se dicen de validez universal. En el caso de Guicciardini, por el contrario, el ocaso de su carrera política le llevará a robustecer su escepticismo. Para el autor de los *Ricordi* las «cosas del mundo» no se dejan reconducir a orden ni regularidad (Portinaro 2025, 73).

La relación epistolar entre ambos da buena cuenta de su diferencia de carácter. En una carta dirigida a Maquiavelo y fechada el 7 de agosto de 1525 en Faenza, Guicciardini escribía a su querido amigo, con el tono escéptico y desencantado que le caracterizaba: «y creo que andamos todos *in tenebris*, pero con las manos atadas a la espalda, para que no podamos esquivar los golpes». Efectivamente, para Guicciardini somos seres arrojados a un mundo hostil donde nuestros planes y propósitos, así sean los mejor fundados, están sujetos al capricho de la fortuna. No obstante, a pesar del profundo escepticismo que dominó su compleja personalidad, Guicciardini nunca renunció a la ambición filosófica de ofrecer criterios de orientación práctica para sobrevivir a las turbulencias de la vida política y civil. A pesar de la plena conciencia de los límites de la racionalidad humana, Guicciardini no perdió la confianza en que la experiencia que condensó en los consejos y advertencias que fue recogiendo a lo largo de los años podrían ofrecer algo de orden y certidumbre, así fuese precario, a las «cosas del mundo». El resultado de este empeño son los *Ricordi*, el «libro secreto» de Francesco Guicciardini. Una de las cimas de la literatura ético-política del Renacimiento.

Jorge del Palacio Martín
Universidad Rey Juan Carlos
Florencia, primavera de 2025

Sobre esta edición

La elaboración de los *Ricordi* parte de un núcleo original de pensamientos y reflexiones que Guicciardini trae consigo de su embajada en España y que elaborará a lo largo de los años —aumentando el número, reorganizando las materias y rescribiendo su contenido— dando vida a tres redacciones distintas —A (1525), B (1528) y C (1530)— hasta alcanzar un número de 221 consejos o advertencias. La presente traducción de los *Ricordi* se ha servido de la versión de la redacción C fijada por el profesor Carlo Varotti para la editorial Carocci (2013). No obstante, para la elaboración de los comentarios que acompañan a cada uno de los consejos o avisos también se han tenido presentes las ediciones de Giorgio Masi (Mursia 1994); Emilio Pasquini (Garzanti 2023), y Matteo Palumbo (Einaudi 2023).

En este sentido, se advierte al lector que estos comentarios no tienen la pretensión de parecerse a las notas eruditas propias de una edición crítica. Se trata, simplemente, de acotaciones que buscan ensanchar la comprensión de los *Ricordi*. Para ello ponen su contenido en relación con la biografía del autor, con su contexto histórico-político, con otros pasajes de su obra donde las mismas ideas encuentran un desarrollo más completo o con aquellos clásicos del pensamiento político y filosófico con los que Guicciardini dialoga. Esta es la razón por la cual, cuando los comentarios han sido sugeridos por alguna de las ediciones arriba citadas, se añade una precisa referencia bibliográfica que remite al original.

Guicciardini es un escritor que rara vez hace explícitas sus fuentes, que cita muy pocas veces a los clásicos de los que se sirve para desarrollar su pensamiento y que cuando lo hace no presta demasiada atención a reproducir con fidelidad sus palabras. Cuando Guicciardini cita a un clásico no lo hace movido por una preocupación filológica o filosófica, sino para coronar su reflexión con un argumento de autoridad. Esta particular «ars citandi» se explica en buena medida por el carácter estrictamente privado de la escritura de Guicciardini, pues el destinatario de los *Ricordi* no era el gran público sino su familia (Moreno 2020, 37).

Esta singular «ars citandi» complica, por tanto, la reconstrucción de las autoridades que constituyen la biblioteca de Guicciardini y con los que conversa de manera implícita. No obstante, la materia de los *Ricordi* permite reconstruir una trama intelectual que remite a ciertos lugares comunes que constituían los puntos de referencia de la conversación de la filosofía política del Renacimiento. Razón por la cual a la hora de comentar los *Ricordi* en esta edición se han priorizado aquellas autoridades cuya obra formaba parte de dicha conversación. Tal es el caso de Tucídides, Tácito,

Séneca, Cicerón, San Agustín, Santo Tomás, Dante, Petrarca y, sobre todo, Maquiavelo. En este punto, esta edición también es deudora de las arriba citadas.

La traducción de todos los textos incluidos en esta obra de Guicciardini —salvo cuando se indica lo contrario— son obra del autor de esta edición.

Referencias bibliográficas

BARBUTO, Gennaro Maria. 2002. *La politica dopo la tempesta. Ordine e crisi nel pensiero di Guicciardini*. Nápoles: Liguori editore.

CESA, Marco. 2023. *Las razones de la fuerza. Tucídides y la teoría de las relaciones internacionales*. Madrid: Alianza.

CUTINELLI-RENDINA, Emanuele. 2009. *Guicciardini*. Roma: Salerno Editrice.

MAQUIAVELO, Nicolás. 2023. *El Príncipe*. Madrid: Alianza.

— 2003. Del *arte de la guerra*. Madrid: Tecnos

MONTAIGNE, Michel de. 2013. *Ensayos completos*. Madrid: Cátedra.

MORENO, Paola. 2020. *Come lavorava Guicciardini*. Roma: Carocci Editore.

PELLEGRINI, Marco. 2013. *Il papato nel Rinascimento*. Bolonia: Il Mulino.

— 2017. *Le guerre d'Italia (1494-1559)*. Bolonia: Il Mulino

PORTINARO, Pier-Paolo. 2023. *El realismo político*. Madrid: Alianza.

RIDOLFI, Roberto. 1982. *Vita di Francesco Guicciardini*. Milán: Rusconi.

VAROTTI, Carlo. 2009. *Francesco Guicciardini*. Nápoles: Liguori editore.

Títulos de Guicciardini en castellano:

El lector interesado en la obra de Guicciardini en castellano también puede encontrar las siguientes ediciones, algunas recientes y todas ellas de notable calidad:

GUICCIARDINI, Francesco. 1947. *De la vida política y civil*. Edición de Felipe González Vicen. Buenos Aires: Espasa-Calpe

— 1988. *Recuerdos*. Presentación y traducción de Antonio Hermosa Andújar. Madrid: Centro de Estudios Políticos y Constitucionales.

— 2006. *Historia de Florencia 1378-1509*. México: Fondo de Cultura Económica.

— 2017. U*n embajador florentino en la España de los Reyes Católicos*. Estudio preliminar de María Teresa Navarro Salazar y Montserrat Casa Nadal. Traducción y notas de María Teresa Navarro Salazar. Madrid: Tecnos.

— 2017. *Diálogo sobre el gobierno de Florencia*. Edición a cargo de Antonio Hermosa Andújar. Madrid: Akal.

— 2020. *Máximas y reflexiones de un renacentista sagaz para tiempos inciertos*. Prólogo de Daniel Gamper. Madrid: Alfabeto.

— 2024. *Aforismos*. Traducción e introducción de Emilio Blanco. Madrid: Oportet.

Pero la naturaleza humana es tan frágil y son tan frecuentes las ocasiones que invitan a hacer el mal, que los hombres se dejan desviar del bien con facilidad.

Ricordi, 134

Ricordi

Consejos y advertencias para la vida civil
y política

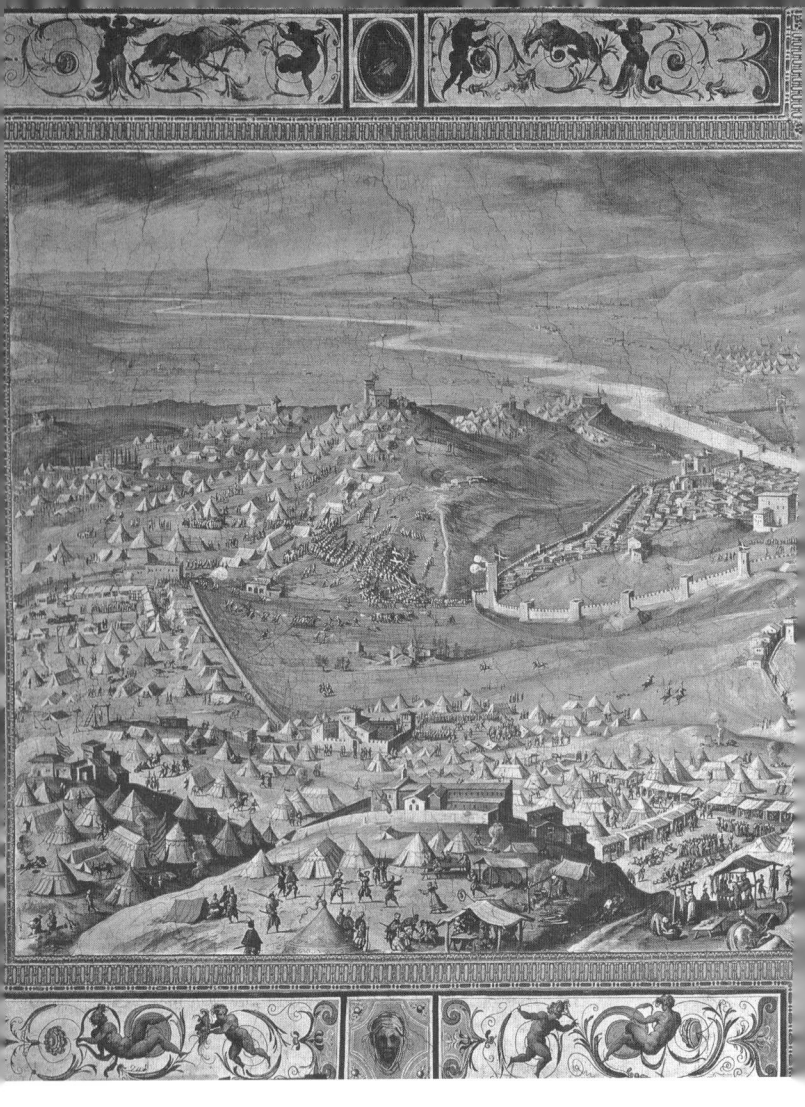

Fig. 2: *El asedio de Florencia en 1530*, Giorgio Vasari, Sala de Clemente VII, Palazzo Vecchio, Florencia.

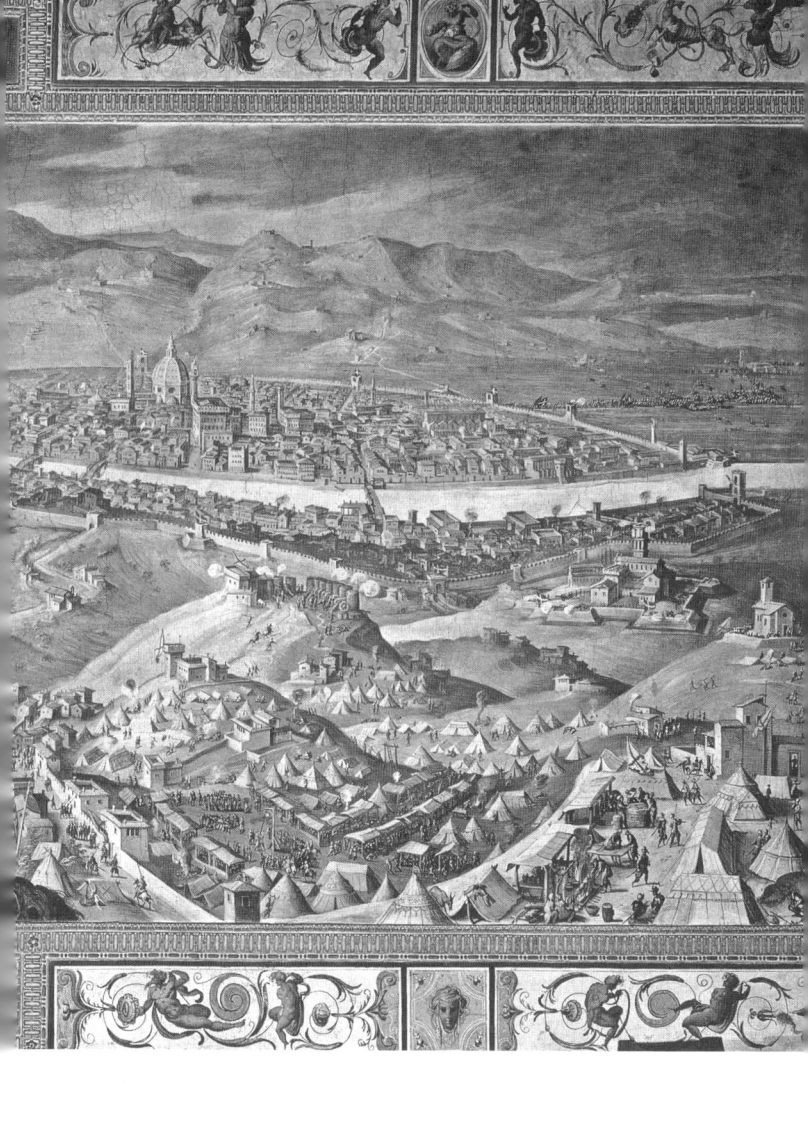

Aquello que afirman las personas creyentes, que quien tiene fe realiza grandes obras y que la fe mueve montañas, como dice el Evangelio, tiene su origen en que la fe provoca obstinación. La fe no es otra cosa que creer con opinión firme y casi certeza cosas que no son razonables. O, si son razonables, creerlas con mayor determinación de lo que aconseja la razón. Por tanto, quien tiene fe se obstina en aquello en lo que cree, al punto que recorre su camino intrépido y determinado, despreciando las dificultades y los peligros, exponiéndose a soportar toda situación extrema. De ello se sigue que, estando las cosas del mundo sometidas a mil circunstancias y accidentes, a quien ha perseverado en su obstinación puede venirle, por muchas razones y con el pasar del tiempo, una ayuda inesperada. La cual es causada por la fe; se dice justamente: «quien tiene fe...». Un ejemplo grandísimo de nuestros días es la obstinación de los florentinos, quienes habiéndose expuesto a afrontar la guerra contra el papa y el emperador contra todas las razones del mundo, sin la esperanza de recibir socorro alguno de otros, desunidos y con mil dificultades, de los que no se hubiese creído que pudieran aguantar ni siete días, han contenido ya durante siete meses los ejércitos ante sus murallas. Y han conducido las cosas de tal modo que ya nadie se sorprendería si venciesen, donde antes todos los daban por perdidos. Y esta obstinación está causada, en gran parte, por la fe en que no podían perecer, según la predicción de Fray Jerónimo de Ferrara.

* * *

La redacción C de los Ricordi se inaugura con una referencia a un hecho histórico del que Guicciardini es testigo: el asedio de Florencia por parte de las tropas imperiales como consecuencia del Tratado de Barcelona firmado por Carlos V y Clemente VII, en virtud del cual el emperador se comprometió a restaurar el poder de los Medici en Florencia. Dado que el asedio de la ciudad comenzó en octubre de 1529 y Guicciardini nos dice en el texto «han contenido ya durante siete meses los ejércitos ante sus murallas» puede deducirse que fue escrito en Roma entre abril y mayo de 1530. Este consejo, por tanto, nos traslada a un momento del asedio en el que el final está todavía abierto, dado que la capitulación definitiva de Florencia no se produjo hasta agosto de 1530. Con este recurso, Guicciardini potencia la idea central del consejo que da principio a la colección y que evoca el Evangelio de San Marcos (11: 22-24): la religión impulsa a los hombres a actuar desbordando los límites de la prudencia y esta obstinación es un factor que supera la capacidad de previsión racional humana. Como ha señalado Carlo Varotti (Cfr. 2016), Guicciardini era buen conocedor de los *Discursos sobre la primera década de Tito Livio* de Maquiavelo —obra que estudió y comentó precisamente en 1530 (véase cronología)— en los que el «quondam segretario» también había señalado el poder de la religión para moldear el ánimo de los ejércitos (I,15): «y, sabiendo que si querían vencer era necesario insuflar obstinación en el ánimo de los soldados, para lograrlo no existía mejor medio que la religión, pensaron repetir un antiguo sacrificio suyo, por mediación de su sacerdote, Ovio Pacio» (2024, 90). La mención final de Guicciardini a Girolamo Savonarola (1452-1498), prior dominico de San Marcos, adquiere pleno sentido en este punto. Los sermones de Savonarola no solo asociaron el gobierno de los Medici con la tiranía y el gobierno popular con la voluntad divina. Su predicación también fue esencial para identificar Florencia con la ciudad elegida por Dios como la nueva Jerusalén cuya misión era regenerar Italia y la Iglesia. Precisamente, el radicalismo que caracterizó el gobierno popular que siguió a la expulsión de los Medici de Florencia en 1527 como consecuencia del *sacco* de Roma estuvo marcada por la huella impresa por Savonarola en la tradición del republicanismo florentino. En la *Storia d'Italia*, Guicciardini dejó escrito que Savonarola «afirmaba que era la voluntad de Dios que se instituyese un gobierno absolutamente popular, de manera que no pudiese estar en manos de unos pocos ciudadanos el poder de alterar ni la seguridad ni la libertad de los otros» (1980, Vol. II, 218-219).

Algunos príncipes comunican a sus embajadores todos sus secretos, así como el fin al que quieren conducir las negociaciones con el príncipe ante el cual son enviados. Otros, en cambio, juzgan que es mejor no abrirse y comunicar solo aquello de lo que quieren persuadir al otro príncipe, para engañar al cual les parece casi necesario engañar en primer lugar a su propio embajador, que es el medio e instrumento a su servicio para tratar y persuadir al otro príncipe. Una y otra opinión tienen su razón de ser. De una parte, parece difícil que el embajador, cuando es consciente de que su príncipe quiere engañar a otro, trate y negocie con el ardor, la eficacia y la firmeza con que lo haría si creyese en la negociación de manera sincera y sin doblez. Sin contar con que, ya sea por frivolidad o por maldad, podría tratar de descifrar la voluntad de su propio príncipe, lo cual, si no fuese consciente del engaño, no podría hacer. De otra parte, y como sucede otras veces, cuando la negociación es simulada pero el embajador la cree verdadera, puede mostrarse más celoso de lo que la circunstancia requiere. Pues convencido como está de que el deseo de su príncipe es alcanzar ese fin, no hace uso de toda la moderación y prudencia que desplegaría en la negociación si tuviese conocimiento de su verdadera naturaleza. Y siendo casi imposible dar instrucciones a sus embajadores para guiarles en cada circunstancia, estos quedan a merced de su discreción para acomodar su acción al fin último de la embajada, cosa que no puede hacer quien no tiene noticia de este fin y sí puede, empero, errar de mil modos. Mi opinión es que quien tenga embajadores prudentes e íntegros, leales y dependientes, al punto de que no tengan motivo para subordinarse a otro, lo mejor que puede hacer es comunicarles sus intenciones reales. Sin embargo, cuando el príncipe no tiene manera de confirmar que sus embajadores son de esta condición, resulta menos peligroso no mostrar sus intenciones siempre y sí, en cambio, hacer que el instrumento para persuadir de algo a otros sea primero persuadir de ello a su propio embajador.

* * *

Esta es la primera vez que el concepto «discreción» comparece en los *Ricordi*. Derivado del latín *discerno, discernere* («separar» o «distinguir») se trata de un concepto clave del lenguaje ético-político de Guicciardini. Remite al proceso de construcción de conocimiento que se basa en la distinción de lo esencial y de lo accidental para acomodar la acción a la especificidad de cada situación. Esta idea de «discreción», que en el pensamiento de Guicciardini se eleva a la categoría de principio epistemológico, está determinada por una visión del mundo donde la realidad está sometida a inestabilidad y mutación constante, donde la información que recibimos es fragmentaria y donde los actores colorean la realidad para ocultar sus verdaderos intereses. Como ha señalado Masi (Cfr. 1994), el significado con el que Guicciardini utiliza el término «discreción» adquiere pleno sentido a la luz de la definición ofrecida por Dante en su *Convivio*: «De igual forma que la parte sensitiva del alma tiene sus ojos, con los cuales capta la diferencia entre las cosas por sus colores externos, así la parte racional tiene su vista, con la cual capta la diferencia entre las cosas por el fin al que están destinadas: eso es el discernimiento [*discrezione*, en el original]» (Dante 2005, 181-182).

La experiencia nos enseña que los príncipes, incluso los grandes, tienen una gran escasez de ministros bien cualificados. Nadie puede llamarse a engaño en el caso de los príncipes que no tienen criterio suficiente para valorar a los hombres o cuando son tan avaros que no quieren premiarlos. Pero sí extraña en el caso de los príncipes que carecen de estos dos defectos, porque es evidente que desean servirles hombres de toda condición y que disponen, además, de muchas oportunidades para recompensarles. Sin embargo, no debe sorprender a quien considera la cuestión con mayor detalle: porque el ministro de un príncipe —hablo aquí de quien ha de servir en cargos de gran responsabilidad— debe ser de extraordinaria capacidad y se encuentran muy pocos de este tipo. Además, es necesario que sea de grandísima lealtad e integridad y esta condición es quizá aún más rara que la primera. De modo que, si ya es difícil encontrar hombres que tengan una de estas dos cualidades, ¡cuánto más raro no será encontrar a quienes reúnan las dos! Un príncipe prudente, que no se limitase a salir del paso cada día, sino que se anticipase al problema, reduciría esta dificultad eligiendo ministros por hacerse, los cuales siendo probados en una cosa y otra y recibiendo beneficios se fuesen habituando a las tareas y disponiéndose a su servicio, porque no es fácil encontrar hombres de dicha condición a la primera, pero sí se puede confiar en hacerlos con el tiempo. Como bien puede comprobarse, los príncipes seculares tienen más ministros que los papas siempre que se conduzcan con diligencia: porque al príncipe secular se le tiene mayor respeto cuanto mayor es la esperanza de poder perpetuarse a su servicio, dado que por lo general su vida es más larga que la del papa; y sucediéndole uno de la misma condición, este puede confiar con facilidad en quien su antecesor ya había empleado o comenzaba a emplear. Añádase que para ser ministro de un príncipe secular o su súbdito o para beneficiarse de las cosas que están bajo su dominio son necesarios siempre el respeto y el temor, a él y a sus sucesores. Razones, todas ellas, que no tienen que ver con los pontífices, pues siendo generalmente de vida breve no tienen tiempo para formar a su personal, no concurren las mismas razones que permiten fiarse de quienes han servido a su antecesor, los ministros son hombres de distintos países que no dependen del pontificado, se benefician de cosas que están fuera del alcance del príncipe y sus sucesores, no temen al nuevo pontífice ni tienen la esperanza de continuar a su servicio. De modo que existe el peligro de que sean más infieles y menos afectos a su señor que aquellos que sirven a un príncipe secular.

* * *

En este consejo Guicciardini parece destilar el fruto de su experiencia personal como gran conocedor de las dinámicas de poder de la Iglesia, en tanto que funcionario laico de su Estado entre 1516 y 1534. El texto recuerda en su formulación y problemática al capítulo que Maquiavelo dedica en *El Príncipe* a los secretarios: «de ahí que el primer juicio que nos formamos sobre la inteligencia de un señor sea a partir del examen de los hombres que tiene a su alrededor: cuando son competentes y fieles se le puede tener siempre por sabio, puesto que ha sabido reconocer su competencia y mantenérselos fieles. Pero cuando son de otra manera, hay siempre motivo para formar un mal juicio de él, puesto que su primer error ha sido precisamente elegirlos» (2023, 145). No deja de ser interesante observar que la sensibilidad de Guicciardini hacia los mecanismos que producen obediencia lleva a nuestro autor a poner el acento en la brevedad de los pontificados como la razón que impide a los papas contar con el servicio de los mejores ministros y consejeros. Pues dado que estos también cuentan con beneficiarse de su señor a través de su fidelidad, desde el punto de vista de la *utilitas* la brevedad de la vida de los papas hace que no sean el mejor partido al que prometer lealtad. Y ni siquiera el pontífice, por las mismas razones, puede tomar por segura la lealtad que le prometen sus ministros. La propia trayectoria de Guicciardini, convertido en hombre de confianza de León X y Clemente VII, los dos papas de la casa Medici, muestra hasta qué punto la transición de un pontificado a otro ponía en suspenso todos los cargos, responsabilidades y honorarios de los que gozaban quienes servían al Estado de la Iglesia.

4

Si los príncipes, cuando les aprovecha, apenas tienen en consideración a sus servidores, si por satisfacer cualquier pequeño interés los desprecian o dejan de lado, ¿cómo puede un señor indignarse o lamentarse si sus ministros, siempre que no falten a la lealtad y el honor debidos, le abandonan o toman el partido que más les beneficia?

* * *

Se trata de la primera vez que en los *Ricordi* aparece el concepto de «honor» que en la obra de Guicciardini mantiene un valor positivo como el norte que da sentido, motiva y alienta los comportamientos más elevados en los hombres. En todo caso, debe precisarse que para Guicciardini, cuyo pensamiento se muestra siempre atento al valor de la «utilitas», el «honor» no solo brilla como cualidad moral que adorna a quien cumple con sus deberes de manera excelente, sino que también resulta un instrumento poderoso al servicio de la obtención de beneficios y ventajas en la vida pública (Cfr. Palumbo 2023).

Si los hombres fuesen discretos o suficientemente agradecidos, todo señor debería, en cuando tuviese la ocasión, beneficiar en lo posible a sus servidores. Sin embargo, la experiencia muestra —y yo mismo lo he comprobado con mis propios servidores— que, a menudo, como están satisfechos, o su señor ya no puede tratarles tan bien como antaño, le plantan. Por tanto, quien piense en su propio beneficio no debe abrir mucho la mano y debe acostumbrar antes a la escasez que a la abundancia, reteniendo con esperanzas antes que con hechos. Para que el engaño funcione es necesario procurar, de vez en cuando, un beneficio considerable a alguno, y con esto basta, porque es natural que en los hombres pueda más la esperanza que el temor, al punto que el ejemplo de uno al que ven beneficiado les conforta y atrae más que el temor que suscita tener ante sus ojos a muchos que no han sido bien tratados.

* * *

El pesimismo antropológico de Guicciardini, que en este consejo aborda la ingratitud natural de las personas, inspira en los *Ricordi* todo un minucioso análisis de los mecanismos que presiden las relaciones de dominación en sociedad. A empezar por la idea de «beneficio propio» que a juicio de nuestro autor es la brújula que orienta la acción de los hombres. Como ha hecho notar Carlo Varotti (Cfr. 2016), la estructura gramatical de esta advertencia recuerda los célebres *íncipits* de los capítulos XVI, XVII y XVIII de *El Príncipe* de Maquiavelo Por ejemplo, «Cuán loable es en un príncipe mantener la palabra dada y comportarse con integridad y no con astucia, todo el mundo lo sabe. Sin embargo, la experiencia muestra en nuestro tiempo...» (2023, 118).

6

Hablar de las cosas del mundo de manera indistinta y absoluta, y por así decir, conforme a regla, es un gran error. Porque casi todas presentan distinciones y excepciones debidas a la variedad de las circunstancias, que no pueden ser sometidas a un mismo patrón. Y estas distinciones y excepciones no se encuentran en los libros, sino que debe enseñarlas la discreción.

* * *

Esta máxima, cuya primera formulación data de 1512 —es decir, de la estancia de Guicciardini en España como embajador de la República de Florencia— es uno de los ejemplos más acabados de la preocupación que Guicciardini muestra en toda su obra por la producción de conocimiento útil al servicio de la política. Guicciardini se apoya de nuevo en la idea de «discreción» (véase 2) para reforzar su escepticismo ante el ideal humanista de la Historia como *magistra vitae*. A saber, como fuente de reglas o principios de aplicación general cuyo aprendizaje se produce a través de la lectura de los clásicos y sin el concurso de la experiencia. Esta idea, que en el pensamiento de Guicciardini adquiere valor de principio metodológico, será formulada de nuevo en el *Dialogo del reggimento di Firenze* a través de su *alter ego* Bernardo del Nero: «pero toda regla tiene sus excepciones, que en lo que toca a las cosas del mundo se enseñan antes con la discreción de lo que puedan distinguirse por sí solas o estén escritas en los libros» (1970, Vol. I, 367). Véase, a modo de contrapunto, uno de los muchos pasajes de la obra de Maquiavelo en los que aflora un modo de entender el ejercicio de la política como el dominio de unas reglas que condensan el arte del gobierno: «Y quien no maneje bien estas reglas perderá pronto lo que haya adquirido, y mientras lo conserve se verá enfrentado a infinitas dificultades y problemas» (2023, 59).

Prestad mucha atención a la hora de hablar para no decir nunca, si no hay necesidad, cosas que referidas a otros puedan desagradar. Pues a menudo pueden acarrearte gran perjuicio en tiempos y circunstancias imprevistas. Atended bien, os digo, porque son muchos los hombres, asimismo prudentes, que yerran en este punto, pues es difícil abstenerse. Pero si la dificultad es grande, mayor es el fruto que recoge quien sabe hacerlo.

* * *

Este consejo resume a la perfección la idea de aviso o advertencia de Guicciardini como consejo práctico de conducta cuyo objetivo es moldear el comportamiento y perfeccionar el autocontrol. En este punto, la invitación a medir las palabras, a administrar la información en toda conversación, no solo tiene un valor intrínseco como elogio de la reserva y la circunspección. También se ve reforzada por el principio de la utilidad. A saber, dada la convicción de Guicciardini de que las relaciones sociales, ya sean civiles o políticas, están sometidas a la imprevisibilidad no resulta útil hablar mal de quien mañana puede convertirse en tu aliado o tu apoyo en circunstancias distintas.

En el caso de que la necesidad o la indignación os induzcan a injuriar a alguien, atended, al menos, a decir cosas que no ofendan sino a esa persona. *Verbigratia*, si queréis injuriar a alguien en particular, no habléis mal de su patria, de su familia o de sus parientes, pues injuriar a muchos queriendo ofender a una sola persona es una gran locura.

* * *

Consejo que debe ser leído como continuación lógica del anterior. Muestra el celo de Guicciardini por racionalizar toda relación social en busca de la mayor utilidad o beneficio. En este caso, sometiendo a cálculo una situación extrema —a saber, la necesidad de agraviar a alguien— cuyo objetivo debe satisfacerse limitando sus efectos más nocivos. De otra parte, Guicciardini se permite la licencia de introducir en el italiano la palabra *verbigratia* (de la locución latina «verbi gratia») y esta edición la respeta como marca y característica del autor (Cfr. Varotti 2016).

9

Leed a menudo y tened en buena consideración estos consejos, porque es más fácil conocerlos y entenderlos que ponerlos en práctica; y esto se facilita convirtiéndolo en hábito de manera que estén frescos en la memoria.

* * *

«Leggete spesso e considerate bene questi ricordi». La primera frase del presente consejo ha justificado históricamente la decisión editorial de titular esta obra como *Ricordi*. Nótese el interés de Guicciardini por delimitar un espacio preciso para sus consejos —que también pueden ser traducidos como advertencias, avisos o recomendaciones— a través de la separación que establece entre el ejercicio intelectual y el ejercicio práctico, entre el conocimiento y la acción. En opinión de Palumbo esta concepción del consejo se acerca, por su propia naturaleza e intencionalidad, a lo que Cicerón definió como «quaestio finita». A saber, el análisis de un problema en referencia a un caso particular, a un problema específico, del que se extraen algunas conclusiones, de carácter parcial, antes que máximas o principios que se dicen de valor universal (Cfr. 2023). En este sentido, la invitación de Guicciardini a convertir en hábito la lectura de sus consejos para mantenerlos «frescos en la memoria» señala que el valor de estos no reside tanto en su condición de principios normativos de carácter abstracto, sino en su utilidad para educar la mirada ante la complejidad y variedad de las «cosas del mundo».

Que nadie se fíe tanto de su inteligencia natural como para convencerse de que esta pueda prescindir de la accidentalidad de la experiencia, pues cualquiera que haya gobernado, aun siendo prudentísimo, ha podido saber que con la experiencia se llega a la comprensión de muchas cosas a las que es imposible que la inteligencia natural alcance por sí sola.

* * *

La reivindicación de la experiencia o sabiduría práctica como elemento que debe adornar a quienes se dedican a la vida política es uno de los *topos* clásicos del pensamiento de Guicciardini. Esta reivindicación, que acompaña su formulación en el lenguaje aristotélico que distingue entre natural y accidental, encarna la desconfianza guicciardiniana frente al razonamiento abstracto o el conocimiento libresco como instrumentos de orientación política. La experiencia, por tanto, es valorada como sabiduría práctica que suaviza, modera y circunscribe a la realidad los frutos de la inteligencia. En el *Dialogo* Guicciardini pone en boca de su *alter ego*, Bernardo del Nero, que la experiencia «enriquece muchos juicios donde la ciencia y el juicio natural no alcanzan» (1970, Vol. I, 381). Del mismo modo, otro pasaje de la misma obra recuerda que «muchas cosas son las que al ser imaginadas parecen bellas y buenas; sin embargo, es la experiencia la que descubre después defectos que el hombre jamás habría imaginado» (1970, Vol. I, 459-460).

Que la ingratitud de muchos no os disuada de beneficiar a las personas. Pues más allá de que procurar beneficio, sin buscar otro objetivo, es una cosa generosa y casi divina, a veces uno se encuentra con alguien tan agradecido que recompensa, por sí solo, la ingratitud de los demás.

* * *

Esta advertencia, apoyada en la convicción general de que los seres humanos son ingratos y desagradecidos debido a la fragilidad de su naturaleza, celebra el placer absoluto de hacer el bien al prójimo siguiendo la lección de Séneca en *De los beneficios.* A saber, de manera desinteresada y sin esperar nada a cambio. No obstante, en la versión de Guicciardini, siempre sensible al valor de la utilidad, se abre la puerta a que la beneficencia asuma el carácter de acto perfecto capaz de armonizar la bondad moral de la acción con la ventaja que se deriva de un posible reconocimiento (Cfr. Palumbo 2023).

12

Casi todos los proverbios, ya sean los mismos o similares, se encuentran en cada nación, si bien con distintas palabras. La razón estriba en que los proverbios nacen de la experiencia, es decir, de la observación de las cosas, las cuales son las mismas o similares en cada lugar.

* * *

La reflexión de Guicciardini sobre el origen y condición de los proverbios está marcada por el naturalismo renacentista. Presupone, en este sentido, cierta idea de unidad de la experiencia humana y del sentido en que esta experiencia es racionalizada hasta convertirse en parte integral de la cultura popular. Nótese, en este punto, que la mirada comparada a la que Guicciardini somete su análisis de las manifestaciones religiosas, buscando comprender el origen común de los ritos y cultos populares de cada nación, le lleva a poner su origen en la opinión de los hombres (véanse 123 y 124). Esta idea de la unidad de la experiencia humana remite, en última instancia, a una visión de la Historia como recurrencia, como define en 76: «Todo lo que ha sido en el pasado y es en el presente, también lo será en el futuro».

13

Quien quiera saber cuáles son los pensamientos de un tirano, que lea a Cornelio Tácito cuando narra el diálogo final que Augusto mantuvo con Tiberio cuando agonizaba.

* * *

Este consejo, con forma de apunte breve, encuentra su correspondencia en la *Oratio accusatoria* de Guicciardini: «Leed en Cornelio Tácito, escritor gravísimo, que Augusto, el mismo día en que murió, en el momento en que expiraba su alma, aun cuando por la vejez y la enfermedad hubiera consumido ya el cuerpo y el espíritu, advirtió a Tiberio, su sucesor, quienes eran aquellos de quienes no debía fiarse» (1970, Vol. I, p. 542). Como se ha hecho notar, Tácito no hace ninguna alusión a ese diálogo en sus *Anales* y es posible que Guicciardini haya reinterpretado la obra de Tácito a partir de la lectura de las *Vidas de los Césares* de Suetonio. En todo caso, la lectura de este consejo a la luz del pasaje de la *Oratio accusatoria* permite deducir el punto que le interesa iluminar a Guicciardini apoyándose en la escena que presenta a Augusto en el lecho de muerte. A saber, la sospecha como característica natural de la psicología del tirano y la forma en la que esta nota determina su forma de gobernar y relacionarse con el mundo (Cfr. Varotti 1987; Pasquini 2023).

No hay nada más precioso que los amigos. Por tanto, no perdáis la oportunidad de hacerlos cuando podáis. Porque las personas se reencuentran a menudo en momentos y lugares inesperados: y los amigos favorecen y los enemigos dañan.

* * *

En manos de Guicciardini la amistad no brilla como un afecto puro y desinteresado, es decir, desvinculado del concepto de *utilitas*, tal y como se seguía de la lección de los moralistas clásicos. Por ejemplo, en uno de los pasos más célebres de *Sobre la amistad* Cicerón dejó escrito que era opinión «indigna de un hombre» pensar que «hay que buscar la amistad como fuente de apoyo y ayuda, no por benevolencia y afecto; de esta forma, cuanto menos fortaleza y fuerzas vaya teniendo uno, más amistades debe buscar» (2024, 97). Como puede observarse, Guicciardini desafía la lección ciceroniana y reivindica el valor de la amistad como realidad que también se asocia a las ideas de cálculo, beneficio y ventaja.

Yo he deseado, como hacen todos los hombres, honor y bienes; y muchas veces he conseguido más de cuanto había deseado o esperado. Con todo, no he encontrado luego en mí la satisfacción que me había imaginado. Razón poderosa, a quien la considere bien, para limitar la vana codicia de los hombres.

* * *

Como ha señalado Emilio Pasquini (Cfr. 2023) en este consejo Guicciardini hace suyo un tema clásico de la tradición moral cristiana con origen en el Libro del Eclesiastés: la vanidad de los bienes terrenales. Esta advertencia encuentra su correspondencia casi perfecta en la *Consolatoria* –ejercicio literario exculpatorio escrito en su villa de Finocchieto en el *annus horribilis* 1527– que recoge el sabor amargo de quien se sabe en el ocaso de una trayectoria política que no ahorró ni esfuerzo ni tiempo en la búsqueda de honores y riqueza: «Recuerdo haberte oído decir muchas veces, en aquellos tiempos que llamabas felices, que deseaste, como todas las personas, honores y riquezas. Que por la gracia de Dios y la buena fortuna tus deseos se vieron colmados. Y que, sin embargo, no encontraste en ninguna de aquellas cosas la satisfacción que imaginaste en un principio. Razón, como has dicho, que debería ser suficiente a quien la considerase bien, para apagar esta sed en los hombres» (1970, Vol. I, 506-507).

Las grandezas y los honores son generalmente deseados porque todo lo que hay en ellos de bueno y de bello salta a la vista como si estuviera esculpido en la superficie. Mientras que las molestias, las fatigas, los fastidios y los peligros que conllevan se ocultan y pasan desapercibidos. Pero si se hiciesen presentes como las ventajas, no habría ninguna razón para desear grandezas y honores excepto una sola. A saber, que cuanto más honrados, reverenciados y adorados son los hombres, tanto más parece que se avecinan y convierten en semejantes a Dios: ¿y quién es aquel que no querría parecerse a él?

* * *

Tal y como ha sugerido Carlo Varotti (Cfr. 2016) este consejo adquiere pleno sentido en diálogo con la obra de San Agustín, autoridad muy leída y comentada en la Florencia del Renacimiento, con especial influencia en el círculo del filósofo neoplatónico Marsilio Ficino al que perteneció Piero Guicciardini, padre de nuestro autor. En este consejo —que naturaliza el deseo humano de reconocimiento y honores en sintonía con el concepto de gloria de la cultura humanista— el pensamiento de Guicciardini va en dirección opuesta al ideal cristiano teorizado por San Agustín en *La ciudad de Dios*. Obra en la que el padre de la Iglesia advierte: «Es preferible, sin duda alguna, resistir a esta pasión que ceder a ella. Porque tanto más se asemeja uno a Dios cuanto está más limpio de esta inmundicia» (V, XIV).

No creáis a quienes presumen de haber renunciado a cargos y grandezas voluntariamente y por amor a la tranquilidad, pues casi siempre se encuentra como causa la frivolidad o la necesidad. Pues la experiencia muestra que casi todos, en cuanto se les ofrece la oportunidad de volver a la vida anterior, abandonan la tan loada quietud y se lanzan a ella con la misma furia con la que el fuego hace arder las cosas bien untuosas y secas.

* * *

En este consejo Guicciardini ironiza sobre uno de los grandes temas de la cultura humanista: la celebración del *otium*. A saber, el ideal de una vida tranquila, alejada de los falsos ídolos de la vida pública, que tiene por objeto el estudio, el cultivo de la vida interior y la búsqueda de la verdadera sabiduría. Guicciardini, hombre de poder y gran ambición política, apreciaba tan poco como Maquiavelo la vida contemplativa impuesta por las circunstancias. Nótese, en este punto, la sintonía de este consejo con el espíritu de la célebre carta que Maquiavelo dirige a Francesco Vettori el 13 de diciembre de 1513 y en la que se refiere por primera vez a un opúsculo titulado *De principatibus* que dedica a los Medici: «A dedicarlo me impulsaba la necesidad que me oprime, porque yo me consumo inútil, y no puedo estar así mucho tiempo sin volverme por la pobreza despreciable, además del deseo que siento de que estos señores Medici empiecen a emplearme, aunque fuese por hacerme dar vuelta a una piedra; porque si después no me los gano me daría lástima a mí mismo; y por otra cosa, después de leerla se vería que los quince años que dediqué al estudio del arte del Estado no los pasé durmiendo ni jugando; y a cualquiera debería resultarle agradable servirse de alguien que a expensas de otros estuviera lleno de experiencia» (Maquiavelo 2013, 139).

18

A quien vive bajo un tirano Cornelio Tácito le enseña muy bien el modo de vivir y de actuar prudentemente, del mismo modo en que enseña a los tiranos los modos con los que fundar la tiranía.

* * *

La reflexión de Guicciardini sobre la figura del tirano y los mecanismos de poder propios de la tiranía no puede disociarse de su particular relación con los Medici, casa a la que los Guicciardini siempre estuvieron ligados. El mismo Francesco Guicciardini fue protagonista de una importante carrera como funcionario laico de la Iglesia, que le procuró riqueza y gran reputación en los pontificados de León X y Clemente VII. Desde su *Storie fiorentine*, obra juvenil escrita entre 1508 y 1509, Guicciardini calificó el gobierno de los Medici como tiranía, si bien con matices. Como dejó escrito en referencia a Lorenzo «el Magnífico»: «En suma, resulta necesario concluir que bajo su gobierno la ciudad no gozaba de libertad, sin embargo, sería imposible que hubiese tenido un tirano mejor y más agradable; por su inclinación y bondad natural vinieron infinitos bienes, por su condición de tiranía algunos males, si bien moderados y limitados, tanto cuanto la necesidad obligaba» (1970, Vol. I, 106).

19

Las conjuras, que no pueden llevarse a cabo sin el concurso de otros, son peligrosísimas. Pues, siendo la mayoría de los hombres imprudentes o malvados, se corre mucho peligro acompañándose de personas de tal suerte.

* * *

Los consejos 19 y 20 constituyen un díptico sobre las conjuras. La reflexión de Guicciardini, que vincula la peligrosidad de las conjuras con la condición malvada o imprudente de los hombres, recuerda a un fragmento célebre del capítulo XIX de *El Príncipe* en el que Maquiavelo escribe: «Y la experiencia muestra que han sido muchas las conjuras, pero pocas las que han conseguido triunfar. Pues quien conjura no puede estar solo ni puede procurarse otra compañía que la de aquellos a quienes cree descontentos, y tan pronto descubres tus intenciones a un descontento, le das motivo para contentarse, ya que, si denuncia la maquinación, puede esperar todo tipo de recompensas» (2023, 123-124). Maquiavelo repite esta idea, casi con las mismas palabras, en los *Discursos* (III, 6), apostillando: «Es imposible evitar que la conjura pueda descubrirse, por malicia, por imprudencia o por ligereza, en cuanto los que están en el secreto son más de tres o cuatro» (2024, 365).

Nada perjudica más a quien quiere conducir sus conjuras a un final feliz que organizarlas con demasiado celo para tratar de asegurar su éxito, pues a quien quiere obrar así le resulta necesario implicar a más hombres, más tiempo y más oportunidades. A saber, precisamente todas las vías por las que las conjuras son descubiertas. Observad, por tanto, hasta qué punto las conjuras son peligrosas, pues las cosas que proporcionan seguridad en algunas circunstancias, en otras acarrean peligro: lo que se debe, creo, al hecho de que la fortuna, que en estos casos muestra gran fuerza, se revuelve contra quien pone tanto empeño en socavar su poder.

* * *

Este consejo encuentra una formulación casi idéntica en el *Dialogo*: «Ciertamente, resulta objeto de elogio quien sabe gobernar toda acción de modo que la conduzca con seguridad. Y, no obstante, en lo que a las conjuras toca no puede haber nada peor que ponerse tal fin, pues quien lo pretende compromete más tiempo, implica más hombres y mezcla más cosas, causa de que se descubran semejantes prácticas» (1970 Vol. I, p. 386). En tanto que consejo práctico, la reflexión de Guicciardini trasciende el caso de las conjuras y sintoniza con la convicción, de aplicación general, del carácter contradictorio e imprevisible de los resultados de las acciones humanas. Idea que convierte la voluntad de perfeccionar y controlar dichas acciones, siempre en aras de alcanzar la máxima certidumbre sobre los efectos, en un falso ídolo que desborda los dictados de la prudencia.

He dicho y escrito otras veces que los Medici perdieron su poder en 1527 por haber gobernado en muchos aspectos según principios populares y que sospechaba que el pueblo podía perder la libertad por gobernarla en muchos aspectos en modo oligárquico. La razón de estas dos conclusiones reside en que el régimen de los Medici, que era odiado por la mayoría de la ciudad, necesitaba apoyarse en partidarios si quería mantenerse. A saber, en personas que, de un lado, sacasen un beneficio considerable del régimen y que, de otro lado, se supiesen acabadas y sin posibilidad de permanecer en Florencia si los Medici eran expulsados. Y esto no se podía conseguir distribuyendo los honores y beneficios de la ciudad largamente, negando un trato de favor a los amigos a la hora de celebrar matrimonios ventajosos e ingeniándoselas para tratar a todo el mundo por igual. Todas estas cosas, llevadas al extremo opuesto, serían objeto de merecido reproche; pero mantenerlas en ese punto no procuró fundamento al régimen de los Medici. Pues si bien placían a la mayoría, no eran consideradas suficientes, pues, de otro lado, en el corazón de los hombres aún albergaba tal deseo de volver al Gran Consejo que ninguna benignidad, ninguna dulzura, ningún favor que se concediese al pueblo bastaba para erradicarlo. Y los amigos, si bien se complacían del estado de las cosas, sin embargo, no encontraban el grado de satisfacción suficiente como para exponerse a correr peligro por él. Y esperando poder salvarse si se gobernaban de forma honesta tal y como sucedió en 1494, en caso de peligro estaban más dispuestos a dejar correr las cosas que a plantar cara a una revuelta popular. Un gobierno popular es necesario que proceda en un sentido radicalmente contrario. Pues amado por la mayoría en Florencia, y no siendo una máquina que se dirija hacia un fin gobernada por uno o por pocos, sino que va cambiando de criterio cada día debido a la multitud e ignorancia de quienes intervienen en el proceso, si quiere mantenerse necesita conservar la simpatía de la mayoría, evitar en lo posible las discordias entre ciudadanos, que si no se saben o no se pueden aplastar abren el camino a los cambios de gobierno, y guiarse siempre con arreglo a justicia e igualdad. De donde nace la seguridad de todos, a la que sigue la simpatía de la mayoría y el fundamento para la conservación del gobierno popular, que no son unos pocos partisanos, a los que no es capaz de dirigir, sino infinitos amigos. Por lo tanto, no es posible mantenerlo conforme a prácticas oligárquicas si no se transforma en otra especie, pero esto no conserva la libertad, sino que la destruye.

* * *

Advertencia que se apoya en un análisis de las bases políticas sobre las que construyen su consenso un régimen oligárquico y un régimen popular. Donde los primeros requieren para su conservación la simpatía de «unos pocos partisanos» y los segundos tener de su parte «infinitos amigos». Esta reflexión —que pertenece a la redacción C de los *Ricordi*— transmite todo el escepticismo sobre el futuro de los gobiernos populares de quien es testigo directo del radicalismo de la política florentina del trienio 1527-1530. No deja de ser interesante observar, de otra parte, que Guicciardini ya había abordado en el *Dialogo*, que data de 1525, el riesgo de deriva liberticida de los gobiernos populares que renuncian a «guiarse siempre con arreglo a justicia e igualdad». En el *Dialogo* Guicciardini pone en boca de su *alter ego* Bernardo del

Nero la sustancia teórica de este consejo: «Pues cuando un pueblo usurpa y somete a otros a través de su gobierno, cuando quita a quien debe dar, cuando da a quien debería quitar, cuando de manera injustificada atormenta y persigue a quien sería razonable que pudiese estar seguro, cuando se deja conducir por la sospecha en la justicia, cuando, digo bien, un pueblo hace estas cosas y muchas otras que se hacen toda vez que partiendo del debido medio se cae en la licencia, entonces, digo, un pueblo no es y no se puede llamar conservador de la patria, sino enemigo y destructor. No sujeto y fundamento de la libertad, sino tirano. Y tirano aún más pestífero que aquellos que hacen profesión de tiranía, en tanto que los hombres, por la dulzura de su nombre y el título que da la libertad, que no quiere decir otra cosa que justicia e igualdad, se dejan engañar fácilmente» (1970, Vol. I, 400).

Cuántas veces se dice: ¡Si esto se hubiese hecho o no se hubiese hecho de tal modo, hubiera sucedido o no hubiera sucedido tal cosa! Pero si fuera posible comprobarlo, se conocería cuán falso es tal juicio.

* * *

En esta advertencia Guicciardini vuelve a retomar el problema del carácter imponderable e imprevisible de las acciones humanas. El hecho de que este consejo aparezca por primera vez en la serie B, que data de 1528, permite una lectura en clave biográfica que otorga a la reflexión un carácter exculpatorio ante la condena que mereció la política anti imperial del papa Clemente VII que inspiró el propio Guicciardini. La cual, como es conocido, terminó con el saco de Roma y la expulsión de los Medici de Florencia en 1527 (Cfr. Varotti 2016). Guicciardini incrusta la misma reflexión en el capítulo XVIII de la *Storia d'Italia,* precisamente cuando aborda los hechos que llevaron al famoso saco de Roma: «Mas los hombres se persuaden muchas veces de que si se hubiese hecho o dejado de hacer tal cosa, se hubiera dado tal resultado; lo cual, si pudiese ser sometido a la experiencia se comprobaría cuantas veces son falaces semejantes juicios» (1970 Vol. III, 1760). En este sentido, véase la crítica de la política anti imperial perseguida por la Iglesia en la carta que Maquiavelo envía al propio Guicciardini el 22 de mayo de 1527, en pleno saqueo de Roma, en la que hace referencia al siguiente juicio de Andrea Doria, capitán de la flota genovesa: «Le comunicamos las últimas noticias de Florencia y de Francia y de todo mostró alegrarse; y en cuanto a Florencia, dijo que si el papa hubiese tomado un partido semejante hace un año, sus cosas estarían en otro estado» (Maquiavelo 2013, 435).

Las cosas futuras son tan falaces y se encuentran sometidas a tantos accidentes que la mayoría de las veces se engañan incluso aquellos que son sabios. Y quien tomase en consideración sus juicios —máxime en lo que concierne al particular de las cosas, puesto que en lo que toca a los rasgos generales adivinan el futuro con más frecuencia— comprobaría cuán poca diferencia hay respecto a aquello que opinan quienes son tenidos por menos sabios. De aquí que dejar un bien presente por miedo a un mal futuro resulta, las más de las veces, una locura, siempre y cuando el mal no sea algo muy cierto o inminente, o muy grande en comparación con el bien. Pues a menudo ocurre, por el contrario, que por miedo a algo que luego resulta vano, te pierdes el bien que podrías disfrutar.

* * *

Este consejo, en el que Guicciardini despacha con ironía la supuesta capacidad de los llamados sabios para adivinar el futuro, puede ser leído como continuación lógica de 22. Ambos expresan el escepticismo guicciardiniano ante la capacidad de la razón para entender la lógica que subyace a las «cosas del mundo» y prever su sentido. No se trata, por lo demás, de un juicio aislado con presencia exclusiva en los *Ricordi*, sino de una reflexión que atraviesa toda la obra de Guicciardini. Y que trata de ofrecer, para más señas, un criterio práctico de orientación a la hora de enfrentarse a la disyuntiva, propia de la vida política, que obliga a elegir entre un presente concreto y un futuro hipotético. En la *Storia d'Italia* nuestro autor advierte en se sentido (IV, 6): «pues las cosas del mundo están sometidas a tantos y tan variados accidentes que rara vez sucede aquellos que los hombres incluso los sabios han imaginado que tendría que ser; y quien deja un bien presente por temor a un peligro futuro, cuando no se trata de un peligro certísimo o inminente, se encuentra, las más de las veces, para disgusto y vergüenza suya, con que ha perdido ocasiones plenas de utilidad y gloria por miedo a aquellos peligros que después se descubren vanos» (1970, Vol. II, 420-421)

La memoria de los beneficios recibidos es frágil. Apoyaos, por ello, más sobre quienes estén condicionados por lo que os deben que en aquellos a los que habéis beneficiado antes. Pues con frecuencia no lo tienen presente o presuponen esos beneficios como algo menor o los reputan como algo que les era prácticamente debido.

* * *

En la obra de Guicciardini la inclinación de los hombres a la ingratitud no aparece como un elemento excepcional del comportamiento humano, sino como una constante antropológica que determina de modo natural sus acciones, decisiones y relaciones con sus semejantes. Este consejo abunda, por tanto, en la concepción guicciardiniana de las relaciones sociales como una dimensión de la vida determinada por el interés y sometida a cálculo, donde la utilidad recíproca aparece como la mejor garantía de la confianza mutua. Al punto que, aplicando la lógica guicciardiniana, resulta peligroso confiar en alguien que no ha contraído algún tipo de deuda con nosotros. Pasquini (Cfr. 2023) ha identificado el contenido de este consejo en el siguiente pasaje de la *Storia d'Italia* en la que Guicciardini pone en boca del Duque de Alba la misma reflexión (XVI, 5): «quien considera debidamente la condición y las costumbres de los hombres tiende muy presto a considerar lo contrario, pues dada su naturaleza, ninguna cosa es más breve, ni tiene una vida más corta que la memoria de los beneficios recibidos, y cuanto mayores son, tanto más se pagan con la ingratitud, como dice el proverbio. Pues quien no puede o no quiere satisfacerlos mediante remuneración, busca satisfacerlos olvidándose de ellos o persuadiéndose de que no fueron tan grandes» (1970, Vol. III, 1551-1552)

Cuidaos de hacer aquellos favores que no se pueden realizar sin procurar igual daño a otros; pues quien es injuriado no olvida, al contrario, reputa la injuria más grave de lo que fue; mientras que quien es beneficiado no se acuerda, o le parece que no fue tan favorecido. Precisamente, siendo el resto de las cosas iguales, se deshace mucho más camino del que se hace.

* * *

En el ejercicio de racionalización de las relaciones sociales que Guicciardini realiza en los *Ricordi*, tratando de entender y canalizar la lógica que mueve las pasiones humanas, los hombres no solo son reputados como ingratos, sino también como rencorosos. En este sentido, 24 y 25 pueden leerse como un díptico dominado por una relación de simetría. Al menos en la medida en que para Guicciardini tan breve es en los hombres la memoria de los beneficios recibidos, así sean grandes, como larga la memoria de las injurias sufridas, así fuesen pequeñas. El cuadro general de la naturaleza humana que se compone en los *Ricordi* recuerda a la descripción que Maquiavelo realiza de la misma en el famoso capítulo XVII de *El Príncipe*: «Porque, en general, se puede decir de los hombres lo siguiente: son ingratos, volubles, simulan lo que no son y disimulan lo que son, huyen del peligro, están ávidos de ganancia y mientras les haces favores son todo tuyos, te ofrecen la sangre, los bienes, la vida, los hijos —como anteriormente dije— cuando la necesidad está lejos; pero cuando se te viene encima vuelve la cara» (2023, 116).

26

Los hombres deberían prestar mayor atención a los hechos concretos y a los resultados que a las apariencias. Y, sin embargo, resulta increíble hasta qué punto la afabilidad y las palabras corteses obligan a todos. Esto se debe a que cada uno cree que merece ser tenido en gran consideración, de forma que se ofende si le parece que no tienes en cuenta lo que está convencido de merecer.

* * *

Este consejo constituye junto a los dos anteriores un tríptico sobre los mecanismos que dominan las relaciones sociales y el mejor modo de gestionarlos para conducirlos al punto deseado. Aunque Guicciardini trata de advertir sobre los riesgos de no tomar en consideración la vanidad de las personas, su reflexión también permite interpretar *a contrario sensu* que el cultivo eficaz de la vanidad de los hombres, entendida como una constante antropológica, permite ganar su favor y obediencia. El arte de manipular y manejar a las personas a través del cultivo de su vanidad, que toma como presupuesto el carácter fatuo y presuntuoso de los hombres, será retomado por Guicciardini en 200.

La verdadera y auténtica seguridad frente a quien desconfías depende de que las cosas estén de tal modo que no te pueda perjudicar, aunque quiera. Pues la seguridad que se basa en la voluntad y discrecionalidad de los demás es ilusoria, considerando cuán poca bondad y fidelidad existe entre los hombres.

* * *

Esta advertencia resume a la perfección la fuerza del pesimismo antropológico que preside el pensamiento de Guicciardini y que invita a una desconfianza radical frente a las intenciones de terceros. En este sentido, el retrato de la naturaleza humana que Guicciardini nos ofrece está lejos de la concepción antropológica de la tradición aristotélico-tomista, que celebraba la sociabilidad natural de los hombres y su inclinación al bien común. Ciertamente, el mismo Guicciardini afirmará que «Todos los hombres se inclinan antes hacia el bien que hacia el mal por naturaleza» y que es, en cambio, es la incertidumbre de su naturaleza la culpable de que los hombres se dejen «desviar del bien con facilidad» (véase 134). No obstante este matiz, en la práctica el pensamiento de Guicciardini sigue anclado en el modelo antropológico del realismo político que concibe al hombre dispuesto a utilizar cualquier medio para satisfacer su apetito de dominio. En uno de los pasajes más brillantes del *Dialogo sul reggimento di Firenze* Guicciardini escribe al respecto: «Resulta cierto, si no me llamo a engaño, que es natural a los hombres el deseo de dominar y de tener superioridad sobre el resto; y que en general son muy pocos los que aman tanto la libertad que si tuviesen la oportunidad de hacerse señores o superiores a lo demás, no lo hiciesen de buena gana» (1970, Vol. I, 336).

No conozco a nadie a quien disguste más a que a mí la ambición, la avaricia y la molicie de los curas. Ya sea porque cualquiera de estos vicios es odioso en sí mismo, ya sea porque cada uno en particular y todos juntos convienen poco a quien hace profesión de fe poniendo su vida al servicio de Dios; o aún más, porque son vicios tan contradictorios que no pueden convivir si no es en un sujeto harto extraño. No obstante, dada la posición que he ostentado con distintos pontífices me he visto en la necesidad de desear su grandeza por mi propio interés. De no ser así, habría amado a Martín Lutero tanto como a mí mismo. No tanto para liberarme de los principios de la religión cristiana, tal y como es entendida e interpretada comúnmente, como para ver a esta caterva de malvados reducidos a su justo término, es decir, a permanecer sin vicios o sin autoridad.

* * *

A pesar de la importante carrera política desarrollada por Guicciardini al servicio de los pontífices de la Casa Medici, León X (1513-1521) y Clemente VII (1523-1534), así como la sincera religiosidad que caracterizó su vida, el autor de los *Ricordi* nunca dejó de sintonizar con cierto espíritu anticlerical difuso en la cultura renacentista. Un espíritu que encuentra en la obra de Boccaccio su expresión más acabada y que tenía como objeto la denuncia de la doble moral de los representantes de la Iglesia. Véase, en este sentido, el cierre de la carta que Guicciardini dirige a Maquiavelo el 18 de mayo de 1521 desde Módena, cuando el autor de *El Príncipe* representaba a los cónsules del Arte de la Lana de Florencia ante el capítulo de los franciscanos reunidos en Carpi: «Avisadme cuando quedéis libre de esos frailes, entre los cuales si metieseis la discordia o al menos dejaseis una semilla capaz de pulular dentro de algún tiempo, sería la más egregia obra que jamás hicierais; y no por eso la tengo por muy difícil, conociendo la desconfianza y malignidad de los mismos. Avisadme y cuando podáis, venid» (Maquiavelo 2013, 236).

He dicho muchas veces, y es muy cierto, que a los florentinos les ha sido más difícil hacerse con su pequeño dominio que a los venecianos con el suyo, que es tan grande. Ello se debe a que los florentinos están en una provincia llena de repúblicas que gozan de libertad, las cuales resulta dificilísimo dominar —pues se vencen con muchísimo esfuerzo y, aún vencidas, no se conservan con menos—. Además, tienen junto a ellas a la Iglesia, que es poderosa y cuyo poder no se extingue jamás. De modo que si alguna vez atraviesa graves dificultades al final su derecho resurge con más fuerza que antes. Mientras los venecianos han ido tomando tierras habituadas a someterse, que no se obstinan ni en defenderse ni en rebelarse, y por vecinos han tenido a príncipes seculares, cuya vida y memoria no es eterna.

* * *

Advertencia sobre los problemas de la República de Florencia para aumentar los dominios de su Estado que entronca con la reflexión de Maquiavelo sobre la dificultad de someter a los pueblos acostumbrados a la libertad. Como se dice en *El Príncipe*: «Y quien pasa a ser señor de una ciudad acostumbrada a vivir libre y no la destruye, que espere ser destruido por ella, pues la rebelión siempre encontrará refugio y justificación en el nombre de la libertad y en sus antiguas instituciones, cosas que jamás se olvidan a pesar del paso del tiempo y de la generosidad del nuevo señor. Por mucho que se haga y por muchas provisiones que se tomen, si no se disgrega y dispersa a sus habitantes, jamás olvidan aquel nombre y aquellas instituciones, e inesperadamente, ante cualquier imprevisto, recurren a ellos. Es lo que hizo Pisa al cabo de cien años de estar sometida a los florentinos» (2023, 64).

Quien examina con atención las cosas humanas no puede negar el grandísimo poder que la fortuna ejerce sobre ellas, pues se ve de manera continua que son sacudidas con fuerza por accidentes fortuitos y que no está en manos de los hombres ni preverlos ni evitarlos. Y si bien la astucia y la diligencia de los hombres puede suavizar muchas cosas, no bastan sola pese a todo, sino que aún se necesita la buena fortuna.

* * *

Los consejos 30 y 31, que versan sobre el poder de la fortuna, pueden ser leídos como un comentario al célebre capítulo XXV de *El Príncipe*. Permiten, por lo demás, medir la influencia de Tucídides en el realismo político de Guicciardini. Si para el autor de la *Historia de la guerra del Peloponeso* la historia es el resultado del modo en que se combinan la necesidad *(ananke),* la casualidad *(tyche)* y los factores humanos *(ta antrophina),* Guicciardini —al igual que Maquiavelo— mantendrá este esquema interpretativo traducido a las categorías necesidad, fortuna y virtud propias del humanismo renacentista. El resultado es una visión de la historia como reino de la contingencia, en el que las «cosas humanas» no se dejan reducir a un orden racional por estar sometidas a la necesidad, el poder de la fortuna y la fuerza desestabilizadora de las pasiones humanas.

Aquellos que atribuyéndolo todo a la prudencia y a la virtud excluyen cuanto pueden el poder de la fortuna, es necesario que admitan al menos lo importante que es nacer o vivir en un tiempo en el que las virtudes o cualidades por las que a uno tanto se estima sean tenidas en consideración. En este sentido, se puede poner el ejemplo de Fabio Máximo, al que ser de naturaleza contemporizadora le dio tanta reputación, porque se encontró en un tipo de guerra en el que la vehemencia era perniciosa y la lentitud útil. En otro tiempo hubiera sido al contrario. Pero su fortuna consistió en eso, en que en los tiempos en que vivió era necesaria la cualidad que él tenía. Por eso quien pudiera cambiar su naturaleza según los requisitos de cada tiempo, cosa que es dificilísima cuando no imposible, estaría mucho menos dominado por la fortuna.

* * *

Quinto Fabio Máximo, político y general romano apodado «el contemporizador» *[Cunctator],* puso en práctica una estrategia de hostigamiento que debilitó militarmente al ejército del cartaginés Aníbal evitando el enfrentamiento en campo abierto. Guicciardini muestra ser un atento lector de Maquiavelo pues este se hace cargo de la historia de Fabio Máximo en los *Discursos* (III, 9): «Todos saben que Fabio Máximo conducía su ejército cautelosamente, a la expectativa, lejos de todo ímpetu y audacia romana, y la fortuna quiso que ese modo de actuar fuese apropiado a los tiempos [...]. Y tampoco Fabio podía haber encontrado época más adecuada a su estilo, por lo que consiguió alcanzar la gloria» (2024, 389-390). Nótese en este punto que Guicciardini parece hacer suya la posición de Maquiavelo sobre la dialéctica fortunavirtud expresada en *El Príncipe*: «Creo, además, que prospera aquel que armoniza su modo de proceder con la condición de los tiempos y que, paralelamente, decae aquel cuya conducta entra en contradicción con ellos» (2023, 152-153). No obstante esta aparente sintonía, el escepticismo de Guicciardini introduce una distancia de fondo entre ambos. Frente al optimismo de Maquiavelo, nuestro autor culmina su reflexión sentenciando que la capacidad de la naturaleza humana para adaptarse a las circunstancias es cosa «dificilísima cuando no imposible».

La ambición no es condenable, ni es criticable el ambicioso que tiene apetito de gloria por medios honestos y honorables. Al contrario, son estos los que hacen cosas grandes y excelsas, y a quien le falta este deseo se revela como un espíritu frío y más inclinado al ocio que a la acción. La ambición peligrosa y detestable es aquella que tiene como único fin la grandeza, como ocurre comúnmente con los príncipes, los cuales, cuando la convierten en ídolo, para conseguir aquello que les conduce a ella, hacen «tabula rasa» con la conciencia, con el honor, con el sentido de humanidad y con cualquier otra cosa.

* * *

El problema de la ambición —que en la cultura renacentista se encuentra ligado al ideal de la gloria— es una de las preocupaciones centrales del pensamiento de Guicciardini. Nótese, en este sentido, que en la misma introducción a la *Storia d'Italia* Guicciardini señaló la «excesiva ambición» de los príncipes italianos como fuente y origen de los desórdenes y turbaciones que condujeron al fin de la libertad italiana (1981, Vol. II, 88). Como ha subrayado Varotti, la reflexión de Guicciardini sobre el particular no puede desligarse de su condición de patricio florentino preocupado por definir las cualidades que deberían adornar a la clase dirigente frente a las pretensiones igualitarias del republicanismo de matriz popular (Cfr. 2016). Guicciardini entiende la ambición como el deseo de realizar «cosas grandes y excelsas» que debe orientar y definir la praxis de la clase política. Nos recuerda, en este punto, que la ambición puede ser una fuerza positiva cuando encarna una disposición generosa al servicio de la patria, mientras que muestra su lado oscuro cuando degenera en interés privado y se traduce en una voluntad de poder que no encuentra freno a su apetito. En el *Dialogo* Guicciardini ofrece la clave de lectura para interpretar el sentido negativo en el que utiliza el concepto de «grandeza»: «Las ciudades libres tienen por costumbre no considerar mal que sus ciudadanos deseen la gloria y el honor, pues este apetito, o si lo preferís ambición, es útil porque propicia que los hombres piensen en hacer cosas generosas y excelsas. No debe gustar, sin embargo, que tengan pasión desmedida por la grandeza, o mejor dicho por el poder, porque quien lo convierte en ídolo quiere tenerlo y conservarlo a cualquier precio» (1970, Vol. I, p. 412). Esta consideración sobre la naturaleza paradójica de la ambición es un tema propio de la cultura clásica. Cicerón en *Sobre los deberes* dejó escrito (I, 64): «da pena ver que de esta elevación y grandeza del alma nace con facilidad la obstinación y el ansia de la primacía» (2015,108). Del mismo modo Tucídides —a cuyo paradigma realista tanto debe el pensamiento de Guicciardini— señaló que la transformación de la búsqueda de honor *(time)* en ambición de poder *(philotimia)* es la razón profunda de los conflictos y desordenes políticos. Véase, por ejemplo, la descripción que ofrece del episodio de la guerra civil de Corcira de su *Historia de la guerra del Peloponeso* (III, 82): «La causa de todo esto fue la ambición de poder y de gloria; y de ellos se derivan, una vez que la rivalidad comienza, las fuertes pasiones» (2019, 318).

Según un proverbio, de las riquezas mal adquiridas no goza el tercer heredero. Y si esto viene por un vicio de origen, mucho menos debería gozar de ellas quien las ha adquirido de mala manera. Ya me decía mi padre que según San Agustín es difícil encontrar alguien tan malvado que no haga algún bien. Y que Dios, que no deja ningún bien sin premiar como mal sin castigar, le concede el goce de sus bienes en este mundo para después castigarlo como merece en el otro; y sin embargo, dado que las riquezas mal adquiridas deben ser purgadas, no se perpetúan más allá del tercer heredero. Yo le respondí que no sé si tal dicho era verdadero, pudiendo señalarse muchas experiencias en sentido contrario. Pero si fuese verdad podría considerarse otra razón, pues la variación natural de las cosas del mundo hace que a la riqueza le siga la pobreza, y más aún en los herederos que en el principal, porque cuanto más tiempo pasa más fácil es la mutación. Además, el principal, a saber, quien adquirió las riquezas, las tiene en mayor estima porque además de haber sabido ganarlas, conoce también el arte de conservarlas. Y acostumbrado a vivir como pobre, no las despilfarra. Pero los herederos, no valorando tanto las cosas que sin su esfuerzo se han encontrado en casa, criados como ricos y no habiendo aprendido el arte de ganarlas, ¿qué sorpresa puede causar que, por gastar demasiado o por mala administración, las dejen escapar de sus manos?

* * *

En este consejo, la doble remisión a la autoridad paterna y a un pasaje de *La ciudad de Dios* de San Agustín (XX, 2) —que versa sobre un tema tan grato a Guicciardini como la naturaleza inescrutable de la justicia divina— sirven a Guicciardini como pretexto para mostrar su escepticismo ante los principios de orden teológico-moral como clave hermenéutica al servicio de la explicación de las realidades mundanas. Guicciardini, tal y como sugiere Massi (Cfr. 1994) reconduce la exégesis del proverbio popular toscano «Della roba di mal aquisto non ne gode il terzo erede» a términos racionales. A saber, a su interpretación como hecho lógico a la luz de la «variación natural de las cosas del mundo» que enseña la experiencia. Con esta explicación nuestro autor subraya su visión de la historia como el campo de las realizaciones humanas, cuyas acciones son las últimas responsables de los acontecimientos.

Todas las cosas que no terminan por la fuerza de la violencia sino por consunción tienen una vida bastante más larga de lo que el hombre al principio se imagina. Véase el ejemplo de un tísico, que cuando se cree que está en las últimas vive todavía no solo días, sino a veces semanas o meses. Lo mismo se observa en una ciudad que se quiere tomar por asedio, donde la escasez de las vituallas siempre confunde la opinión de todos.

* * *

En la reflexión política del Renacimiento se hizo habitual la utilización de un lenguaje de tipo naturalista, en particular el recurso a imágenes o metáforas del campo de la medicina, para ilustrar los razonamientos políticos. En este sentido, la cultura política del Renacimiento reelabora las imágenes clásicas y medievales del Estado como organismo sometido a las leyes de la naturaleza, el gobernante como el médico llamado a velar por su salud y la medicina como el arte de la política. Maquiavelo, por ejemplo, también recurre en *El Príncipe* al ejemplo de la tisis para ilustrar la obligación que tiene el buen gobernante de hacerse cargo no solo de los problemas presentes, sino también de anticiparse a los que están por venir: «Sucede aquí, como dicen los médicos, como con la tisis: que al principio es fácil de curar pero difícil de reconocer, pero con el paso del tiempo, no habiéndola diagnosticado ni tratado, deviene fácil de reconocer y difícil de curar. Y así sucede con los asuntos de Estado» (2023, 54-55).

¡Qué distintas la teoría y la práctica! ¡Cuántos los que entienden las cosas con propiedad, pero no saben aplicar o poner en práctica sus conocimientos! A quien así sucede esta inteligencia le resulta inútil, pues es como tener un tesoro guardado en un arca y la obligación de no sacarle provecho.

* * *

En este consejo –que no comparece en los *Ricordi* hasta la redacción C de 1530– Guicciardini retoma la defensa de la superioridad del saber práctico, cimentado sobre la experiencia, frente al conocimiento puramente teórico, adquirido a través de la lectura de los clásicos. Se trata de una constante en la obra de Guicciardini que pone de manifiesto su preocupación –que tampoco es ajena a su interés por definir las cualidades que deben adornar al *homo politicus*– por la producción de conocimiento útil para orientarse en la vida política. No deja de ser interesante observar que en el *Dialogo del reggimento di Firenze* nuestro autor pone en boca de su padre, Piero Guicciardini, el siguiente elogio de Bernardo del Nero, *alter ego* del propio Francesco Guicciardini en la obra: «En lo que a mí toca, no sé qué me podría procurar mayor gozo que oír hablar de los asuntos públicos y civiles a un hombre de avanzada edad y de la mayor prudencia, que no ha aprendido estas cosas en los libros de los filósofos, sino de la experiencia y las acciones, que es el verdadero modo de aprender» (1970 Vol. I, 306).

Si pretendes conquistar el favor de los hombres, advierte que cuando te sea solicitada ayuda debes ingeniártelas para no negarte nunca de manera tajante y saber dar largas. Pues puede que al final tu intervención no sea necesaria a quien la requiere, o que sobrevengan contratiempos que hagan creíbles tus excusas. Sin contar con que muchos hombres son simples y se dejan engañar fácilmente con palabras, de modo que sin hacer lo que no querías o no podías, con la inteligencia de tu respuesta logras dejar bien satisfecho a quien, de otro modo, hubiera quedado descontento si hubiera recibido tu negativa a las primeras de cambio.

* * *

En los consejos que Guicciardini ofrece para desenvolverse en sociedad, la idea de «conquistar el favor de los hombres» es un objetivo que no obedece a un principio ético-moral sino de utilidad. El favor conquistado es un capital que se traduce en ventaja: puede concretarse en la predisposición de terceros a ofrecer su patrocinio y protección a nuestras empresas o simplemente a no mostrar resistencia u oposición. Por añadidura, desde un cálculo económico el valor del favor aumenta en relación con los recursos invertidos en su ejecución. De aquí que en opinión de Guicciardini la mejor manera de dar solución a una petición de ayuda —que no se quiere dar o no se puede ofrecer— sea evitar negarse y, a la vez, aplazar *sine die* su ejecución. De este modo se colma la atención y el respeto de quien pide el favor, mientras se entretiene el tiempo con un uso inteligente de la palabra, a la espera de que la «variación de las cosas del mundo» cambie las circunstancias que hacen necesaria la intervención. El fundamento de este consejo es la condición simple y elemental de los hombres, que los convierte en víctimas propicias de quien domina el arte de la palabra y sabe cultivar la vanidad ajena.

Niega siempre aquello que no quieres que se sepa, o afirma aquello que quieres que se crea, porque, a pesar de que haya muchas pruebas en contra, incluso certezas, afirmar o negar algo con firmeza siembra la duda en quien te escucha.

* * *

Primero de una serie de consejos en los que Guicciardini aborda el arte de la simulación y la disimulación como conducta práctica para manejarse en la vida pública. Se trata, en general, de un tema propio de la tratadística cortesana del Renacimiento cuyo objeto era perfeccionar la capacidad de encubrir o fingir lo que se piensa o se siente para obtener la mayor ventaja y utilidad en el marco de las relaciones personales. Maquiavelo —quien en *El Príncipe* dejó escrito «aquel que quiera engañar encontrará siempre a quien se deje engañar»— dirigió a Guicciardini por carta la siguiente reflexión que ilustra la importancia que ambos personajes concedían a la necesidad de refinar el modo de conducirse ante los demás en referencia a la verdad y su publicidad: «porque desde hace algún tiempo no digo jamás lo que creo, ni creo jamás lo que digo, y si con todo me sucede alguna vez decir la verdad, la escondo entre tantas mentiras que es difícil encontrarla» (Maquiavelo 2013, 234).

A la casa de los Medici, poderosísima y con dos papados, le resulta mucho más difícil conservar el Estado de Florencia que a Cósimo, que era un simple ciudadano. Más allá del poder excepcional del que gozó, la razón hay que buscarla en la condición de los tiempos. Pues Cósimo tuvo que luchar por el Estado contra el poder de unos pocos, es decir, sin provocar el malestar del pueblo, que no conocía la libertad. Aún más, en cada disputa entre los grandes, como en cada mutación, el común y la plebe veían mejorar su condición. Hoy, sin embargo, habiendo disfrutado del Gran Consejo, ya no se habla de arrebatar o de usurpar el gobierno a cuatro, seis, diez o veinte ciudadanos, sino a todo el pueblo. El cual persigue con tal determinación esta libertad, que no se puede confiar en hacérsela olvidar con toda la bondad, la buena administración o la exaltación de lo público a la que acostumbraban los Medici u otros grandes.

* * *

Una de las principales consecuencias que Guicciardini extrae de la experiencia de los Medici y su dificultad para restaurar el poder previo a 1494 tras su retorno a Florencia en 1512 es la confirmación de una idea que atraviesa toda su obra a modo de principio general de la política: cuando un pueblo disfruta de la libertad, no la asume como una situación histórica contingente o transitoria, sino como la condición que pertenece a dicha comunidad política de manera natural. Esta idea —también de largo recorrido en la reflexión política de Maquiavelo— responde a una formulación muy parecida en las *Considerazioni*: «Pero con quienes tienen inclinación por la libertad, no será remedio suficiente tratarlos bien, porque ninguna dulzura arrancará de su pecho el deseo de no reconocer a nadie como superior, de gobernarse» (1970, Vol. I, 642).

Nuestro padre tuvo hijos tan brillantes, que en su tiempo fue comúnmente considerado el padre más feliz de Florencia. Y no obstante, muchas veces consideré que a fin de cuentas, la decepción que le habíamos procurado era mayor que la satisfacción. Figúrate lo que les sucede a quienes tienen hijos atolondrados, malvados o desgraciados.

* * *

Todos los hijos varones de Piero Guicciardini y Simona Gianfigliazzi —Iacopo (1480-1552), Francesco (1483-1540), Luigi (1487-1551) y Girolamo (1497-1555)— ocuparon cargos públicos de importancia en los gobiernos de Florencia y los Estados pontificios como miembros del partido mediceo. La mención a su familia sirve a Guicciardini para deslizar una advertencia sobre los quebraderos de cabeza y sinsabores que procuran los hijos, así sean los más excelentes. No deja de ser interesante observar que en las redacciones precedentes (A y B) el juicio de Guicciardini sobre la paternidad se hacía aún más amargo: «No se puede censurar el deseo de tener hijos, pues es cosa natural; pero digo bien que es una suerte de felicidad no tenerlos, pues incluso quien los tiene buenos y sabios sin duda sufre mucha más pena que consuelo».

Tener poder sobre los demás es una cosa grande. Y quien lo sabe usar con propiedad atemoriza a los hombres más allá de lo que podrían hacerlo sus propias fuerzas. Pues el súbdito, no sabiendo hasta dónde llega ese poder, se resolverá más prontamente a ceder que a comprobar si puedes o no puedes hacer aquello con lo que le amenazas.

* * *

El debate humanista sobre las ventajas e inconvenientes que al príncipe ofrece ser amado o temido encuentra su punto de referencia más alto en el tratado *Sobre los deberes* de Cicerón (II, 23, 179): «De todas las cosas no hay ninguna más apta para guardar y conservar nuestro poder que ser amados y nada más contrario que ser temidos». No obstante, en este punto Guicciardini sigue los pasos de Maquiavelo —en *El Príncipe* recuerda que «un príncipe no debe preocuparse por la fama de cruel si a cambio mantiene a sus súbditos unidos y leales»— y ambos florentinos desafían la lección ciceroniana al valorar positivamente el temor como instrumento al servicio de la conservación del poder y de la preservación del orden.

41

Si los hombres fuesen buenos y prudentes, aquel que ejerce un poder legítimo sobre otros utilizaría antes la amabilidad que la severidad. No obstante, siendo la mayor parte de los hombres poco buenos o prudentes, es necesario apoyarse más en la segunda. Y se engaña quien lo vea de otro modo. Admito, ciertamente, que quien pudiese mezclar y suavizar la una con la otra lograría tan admirable acuerdo y armonía, como no la hay más agradable. Pero estas son gracias que el cielo otorga en abundancia a muy pocos, o quizá a nadie.

* * *

Este consejo también puede ser leído a la luz del capítulo XVII de *El Príncipe*. Guicciardini sigue los pasos de Maquiavelo y justifica la necesidad de recurrir a la severidad en las penas aduciendo la tendencia natural de los hombres a no ser buenos. Ambos autores, cuyo realismo lleva a valorar positivamente el miedo al castigo como fuente de orden, desafían en este punto la lección de Séneca en *Sobre la clemencia*. De otra parte, como ha puesto de manifiesto Pasquini (Cfr. 2023) el cierre constituye un homenaje a Petrarca y su *Cancionero* (CCXIII): «Gracias que el cielo a muy pocos destina: / rara virtud, que no es de humana gente / bajo el rubio cabello, cana mente, / y en la humildad, alta beldad divina» (2022, 470).

No confíes tanto en caer simpático como en tener reputación, pues perdida la reputación se pierde también el favor de los demás y en su lugar se recibe el desprecio. A quien mantiene la reputación, sin embargo, no le faltan amigos, simpatías y favores.

* * *

En la obra de Guicciardini la «reputación» —al igual que la «fama» o el «honor»— es un capital que debe ser cuidado y bien invertido para disfrutar de los beneficios y ventajas que reporta contar con la estima y reconocimiento público. Como ha señalado Palumbo (Cfr. 2023), el uso que Guicciardini hace de la idea de «reputación» está en sintonía con el sentido en el que Castiglione utiliza el concepto de «buena opinión» en *El Cortesano*: «y siempre que hubiere de ir a alguna parte donde haya gente principal, si no fuese conocido, procure que primero vaya allá su buena opinión que su persona; y tenga manera de que allí sean informados de la buena cuenta en que le tienen en otra partes los señores y los caballeros y las damas; porque aquella fama, que es vista proceder de muchos buenos juicios, causa un cierto y firme crédito bueno, el cual después, hallando los ánimos de aquellos que os tratan dispuestos y casi granjeados, fácilmente con las obras se mantiene y mejora» (2020, 227).

En mis gobiernos he observado que en muchas de las cosas que he querido llevar a cabo —como tratados de paz, acuerdos civiles y cosas similares— antes de que las abordarse era necesario dejar que se debatiesen por extenso, pues al final, por puro agotamiento, las partes en liza te ruegan que tomes parte. En este punto, ante los ruegos, con la reputación intacta y sin poder ser acusado de buscar honores, conduces la situación donde hubiese sido en vano querer llevarla al principio.

* * *

Este consejo se nutre de la experiencia de Guicciardini como funcionario laico del Estado de la Iglesia, primero como gobernador de Modena y Reggio Emilia y después como presidente de la Romagna (véase cronología). Guicciardini siempre se preció ante sus semejantes de los éxitos cosechados a la hora de restaurar el orden y poner fin a las luchas intestinas entre facciones locales que amenazaban la paz civil en el Estado de la Iglesia. Así puede leerse en la carta que Guicciardini preparó para Adriano VI tras la muerte de León X: «y después de haber, con la ayuda de Dios omnipotente de quien dependen todas las cosas, restaurado la concordia en las ciudades de Módena y Reggio, que encontré agitadas por sediciones y desbordadas por la sangre de hombres honestos, he gobernado estás ciudades por más de cinco años en la máxima paz y tranquilidad, y para su máximo beneficio» (Guicciardini 2022, 169-170). Nótese como detalle que Adriano VI confirmó a Guicciardini como gobernador de Módena, razón por la cual la carta nunca fue enviada a su destinatario.

44

Haz todo lo que esté en tu mano para parecer bueno, pues sirve para muchas cosas. Sin embargo, dado que las opiniones falsas no perduran, difícilmente conseguirás parecer bueno durante mucho tiempo si en realidad no lo eres. Así me lo advirtió mi padre.

* * *

En este consejo Guicciardini se sirve de la autoridad paterna para asumir un lugar común de los moralistas clásicos. Cicerón en *Sobre los deberes* (II, 43) asume el mismo principio: «Pero si alguno piensa que puede alcanzar una gloria estable, con una vana ostentación de méritos que no se tienen, fingiendo no solo las palabras, sino también el rostro, yerra absolutamente. La verdadera gloria echa raíces y retoños; todas las cosas fingidas caen tan rápidamente como flores de un día; nada que sea falso puede ser durable» (2015, 192) Séneca, por su parte, en *Sobre la clemencia* insiste en la misma idea (I, 1): «... pues nadie puede llevar mucho tiempo una máscara. Lo fingido retorna pronto a su naturaleza; las cosas para las que subyace la verdad y las que, por así decirlo, surgen de una base sólida, con el tiempo mismo progresan a mayor y a mejor» (2023, 413).

El mismo también solía decir, alabando la frugalidad, que te procura más honor el ducado que tienes en la bolsa que los diez que ya has gastado.

* * *

En este consejo Guicciardini recurre a la autoridad paterna para evocar la sabiduría popular expresada en el proverbio toscano «Meglio avere in borsa che stare a speranza» (Cfr. Masi 1994). Según Varotti este elogio de la frugalidad, que invita a conducirse con moderación y templanza en el gasto, se inscribe en la tradición de la ética mercantil florentina recogida en tratados prácticos como *Il libro dei buoni costumi* de Paolo da Certaldo o *Libri della famiglia* de Leon Battista Alberti (Cfr. 2016).

En mis gobiernos nunca me gustó hacer uso de la crueldad ni las penas excesivas. Estas no son necesarias, pues a excepción de ciertos casos ejemplarizantes, basta, al objeto de mantener el terror, con castigar los delitos a 15 sueldos por lira. Siempre, eso sí, que se mantenga la regla de castigarlos todos.

* * *

Advertencia de matriz biográfica que remite a la experiencia de Guicciardini como gobernador de Módena y Reggio Emilia, y como presidente de la Romagna, bajo los pontificados de León X, Adriano VI y Clemente VII. Unos dominios de la Iglesia que nuestro autor encontró en «grandísimo desorden» —como refirió por carta a Lorenzo de Medici, duque de Urbino, el 30 de junio de 1516 (Guicciardini 2022, 64)— y cuya pacificación se convirtió en uno de sus principales objetivos. La reflexión de Guicciardini apunta a una racionalización del uso de la violencia por parte de la autoridad en virtud de la cual la principal garantía para el mantenimiento del orden y la reputación del gobierno no radica tanto en el grado de crueldad que pueda alcanzar un castigo de manera excepcional, como en el temor que produce en los súbditos la certeza de que todas las penas serán regularmente castigadas. En este sentido, la referencia a «castigar los delitos a 15 sueldos por lira», cuando el valor de una lira equivalía a 20 sueldos, refuerza la idea de que no es la dureza de la pena la que mantiene en estado de temor a los súbditos, sino la aplicación general y regular de la pena, aunque esta sea de naturaleza más leve (Cfr. Palumbo 2023).

Cuando la doctrina acompaña a cerebros débiles, o no los mejora o los arruina. Sin embargo, cuando aquello que se adquiere por el estudio se encuentra con una inteligencia natural, hace a los hombres perfectos y casi divinos.

* * *

Guicciardini elabora un lugar común del antropocentrismo renacentista que representa al hombre como una criatura intermedia entre el cielo y la tierra, entre el reino de lo animal y el reino de lo divino, en cuya mano reside la posibilidad de alcanzar la plenitud a través de la medicación de la cultura (Cfr. Varotti, 2016). Se trata, por lo demás, de una idea que encuentra su expresión más acabada en el célebre pasaje de la *Oratio de hominis dignitate* de Giovanni Pico della Mirandola: «Oh Adán: [...] Te puse en medio del mundo para que miraras placenteramente a tu alrededor, contemplando lo que hay en él. No te hice celeste ni terrestre, ni mortal ni inmortal. Tú mismo te has de forjar la forma que prefieras para ti, pues eres el árbitro de tu honor, su modelador y diseñador. Con tu decisión puedes rebajarte hasta igualarte con los brutos, y puedes levantarte hasta las cosas divinas» (Pico della Mirandola 2025, 37-38).

Los Estados no se conservan respetando la conciencia, pues considerando su origen todos ellos se fundan en la violencia, con excepción de las repúblicas y tan solo en lo que toca a su propia patria, que no fuera de ella. De esta regla no exceptúo ni al emperador, ni mucho menos a los curas, cuya violencia es doble pues nos someten con armas temporales y espirituales.

* * *

La idea en virtud de la cual el origen de los Estados está ligado a la violencia es un tema clásico propio de la tradición del realismo que Guicciardini hace suyo desde su primer tratado político, el *Discorso di Logrogno* de 1512: «El Estado y el imperio no son otra cosa que violencia sobre los súbditos, paliada en ciertos casos con algún título de honestidad; luego, querer conservarlo sin armas y sin fuerza propia, con la ayuda de otros, no es más que empeñarse en un ejercicio sin los instrumentos que pertenecen de suyo a esa empresa» (1970, Vol. I, 254). Toda la obra de Guicciardini, en general, se apoya sobre la convicción de que el orden nace del equilibrio entre razón y fuerza, persuasión y violencia —«buenas armas y buenas leyes» al decir de Maquiavelo en *El Príncipe*— pues la política es un fenómeno que se descubre como lucha por el poder, que canaliza un apetito natural de dominio, que encuentra en la guerra su *ultima ratio* y por tanto en la violencia su medio específico. Si bien para nuestro autor las repúblicas constituyen una excepción a la regla, aunque tan solo en lo que toca a su espacio natural y no a los territorios conquistados. Por lo demás, la alusión de Guicciardini a las «armas espirituales» como medio de la Iglesia para conseguir la sumisión de sus súbditos remite a la concepción de la religión como «instrumentum regni», en definitiva, al poder de la religión para generar consenso y producir obediencia. Nótese aquí la sintonía de Guicciardini con lo expresado por Maquiavelo en el capítulo de *El Príncipe* dedicado a los «Principados eclesiásticos». A saber, aquellos que su conservación «se sustenta en las antiguas leyes de la religión, las cuales son tan poderosas y de tanto arraigo que mantienen a sus príncipes al frente del Estado, sea cual sea su forma de actuación y de vida. Estos príncipes son los únicos que tienen Estados y no los defienden, súbditos y no los gobiernan» (2023, 92).

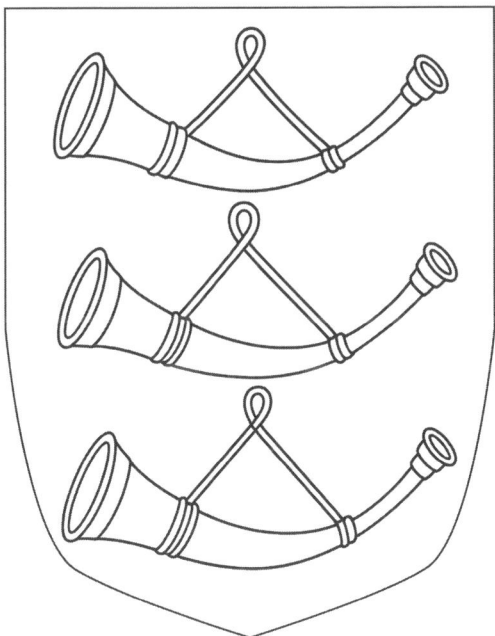

Fig. 3: Escudo de la familia Guicciardini: arma parlante compuesta por tres cuernos de caza *(guicciarde)* con una fuerte presencia en las calles y edificios de Florencia, sobre todo en el barrio de Santo Spirito donde la familia Guicciardini aún posee la casa donde vivió el autor de los *Ricordi*.

No digas a nadie las cosas que no quieres que se sepan, pues los motivos que llevan a los hombres a irse de la lengua son varios: hay quien lo hace por necedad, quien por provecho, quien por la vanidad de parecer enterado. Y si tú, sin necesidad, has confiado un secreto a alguien, no debes extrañarte si esa persona, a quien importa menos que la noticia se divulgue, hace lo mismo.

* * *

Este consejo, que tiene su origen en una comparación entre la personalidad de los pontífices Julio II y Clemente VII que Guicciardini elabora en las versiones A y B de los *Ricordi* pero que finalmente deshecha para la redacción de la serie C, muestra con toda su crudeza la antropología pesimista que inspira el pensamiento de Guicciardini. Esta advertencia, que gira en torno al tema clásico del secreto y su gestión, pone en guardia a los lectores sobre los impulsos y las pasiones que gobiernan las acciones humanas, las cuales inclinan a los hombres —ya sea por ignorancia, utilidad o arrogancia— a traicionar la palabra dada o descubrir la información que han sido llamados a custodiar.

No os empeñéis en los cambios de régimen que no mudan las condiciones reales que te disgustan, sino únicamente las caras de los hombres, pues conducen al mismo descontento. Verbigracia, ¿qué importa excluir de la casa Medici a Giovanni da Poppi si en su lugar entrará Bernardino da San Miniato, hombre de la misma calidad y condición?

* * *

La clave de lectura que permite interpretar este consejo reside en la distinción que Guicciardini establece entre dos tipos de cambio político. De un lado las «mutaciones», entendidas como cambios de régimen político. De otro las «alteraciones», entendidas como cambios nominales en la dirección del Estado que no modifican el ordenamiento jurídico e institucional del mismo (Cfr. Varotti 2016). Este consejo, en el que Guicciardini resume su aversión conservadora hacia los cambios de régimen, encuentra su correspondencia casi perfecta en el *Dialogo*, obra en la que su *alter ego* Bernardo del Nero sentencia: «Pues los cambios de régimen no se deben buscar para escapar de los nombres y caras de los hombres, o para cambiar un dolor de estómago por un dolor de cabeza, sino para huir de sus consecuencias y liberarse de los males que afligen sin caer en males iguales o quizás peores» (1970, Vol. I, 376). Giovanni da Poppi y Bernardino da San Miniato fueron dos secretarios al servicio de la casa de los Medici. Ambos sirvieron a Lorenzo de Medici (1493-1519), señor de Florencia y duque de Urbino (1516-1519), a quien Maquiavelo dedicó *El Príncipe*.

Quien se empeña en cambiar de régimen en Florencia, si no es por necesidad o para convertirse en cabeza del nuevo Estado, se muestra poco prudente. Pues si fracasa pone en peligro su persona y todo lo que es suyo, mientras que el éxito no le procurará más que una pequeña parte de aquello a lo que aspiraba. ¡Y qué locura jugar a un juego donde se puede perder más de lo que se puede ganar sin lugar a comparación! Y algo que no es menor, una vez cambiado el régimen te condenas a un tormento perpetuo: el de temer siempre una nueva mutación.

* * *

Este consejo —que debe ser leído como continuación de 50— adquiere sentido a la luz de la experiencia de Guicciardini en los turbulentos años que vivió la política florentina a partir de 1494. Año en el que la expulsión de los Medici dio comienzo a un ciclo de cambios de gobierno que los distintos grupos de poder organizado trataron de canalizar para su provecho. En este punto, Guicciardini muestra todo su escepticismo ante la utilidad real de los cambios de régimen, que no puede disociar de su condición de instrumentos para canalizar ambiciones personales, amén de fuente de discordias y desunión para la ciudad. Frente a ellos se abre paso un razonamiento que toca el corazón de su realismo político como «arte de gobierno»: una inclinación natural hacia el orden y la estabilidad como principio de autoconservación frente a cualquier cambio radical que tenga como bandera consideraciones sobre la naturaleza del ordenamiento jurídico-político. Tal y como Guicciardini pone en boca de Bernardo del Nero en el *Dialogo*: «la experiencia adquirida a lo largo de los años me ha enseñado que los cambios de régimen procuran a la ciudad más daño que beneficio, de lo que podría dar muchos ejemplos» (1970, Vol. I, 304).

La frase final, de otra parte, nos recuerda que para Guicciardini la política está sometida a un movimiento perpetuo debido a que los hombres están dominados por una naturaleza ambiciosa e inquieta. De nuevo en el *Dialogo*: «En Florencia los hombres aman de forma natural la igualdad, por tanto aceptan de mala gana tener y reconocer a otros como superiores; además, nuestro temperamento tiene como propiedad ser ambicioso e inquieto, y esta segunda razón hace que aquellos pocos que tienen el poder en sus manos vivan en discordia y estén desunidos; y por el deseo de prevalecer unos sobre otro, unos tiran de aquí y otros tiran de allá, de modo que sus propios errores debilitan aún más su poder. Y como nadie ama la superioridad de los demás, a la mínima ocasión que se presenta los echan por tierra» (1970, Vol. I, 318).

La experiencia muestra que casi todos aquellos que han contribuido a la grandeza de otros ven su relación deteriorada con el paso del tiempo. La razón, según se dice, radica en que quien ha sido elevado, teniendo noticia de la competencia de quien le ha ayudado, teme que cualquier día le arrebate lo dado. No obstante, quizás no sea una causa menor que quien ha servido así, pareciéndole merecer mucho, pida más de lo que conviene, lo que al no ser concedido provoca su descontento. De donde nacen el desdén y las sospechas entre él y el príncipe.

* * *

En este consejo Guicciardini retoma la problemática de las dificultades que definen la relación príncipe-consejero apoyándose en su experiencia como hombre de confianza de León X y Clemente VII. Pontífices de la casa Medici a cuyo servicio desarrolló una exitosa carrera como funcionario laico del Estado de la Iglesia. Guicciardini, siempre atento al poder de los factores humanos, describe la relación entre el príncipe y su consejero o ministro como un territorio que no está dominado por la racionalidad, sino sometido a las pasiones y su potencial dinámica de conflicto. No deja de ser interesante observar, en este punto, que en opinión de Guicciardini la razón que lleva al deterioro de la relación príncipe-consejero no es tanto el miedo del primero a perder la ayuda de quien le ha procurado grandeza, como el poder desestabilizador de la ambición del segundo cuando es guiado por un deseo de reconocimiento que desborda lo razonable. La necesidad de colmar la ambición del consejero para ganarse su lealtad también es objeto de análisis en *El Príncipe*. Maquiavelo apunta que si el señor quiere mantener fiel a su ministro «debe pensar en él recompensándole con honores, haciéndole rico, vinculándolo a su persona y haciéndole participe de honores y responsabilidades» (2023, 146).

Cada vez que tú —que has sido la causa o me has procurado la ayuda que me ha hecho príncipe— quieres que me gobierne según tus principios o te conceda aquello que disminuye mi autoridad, no haces sino anular el beneficio que me has procurado: pues buscas, en todo o en parte, quitarme la finalidad de aquello que me has ayudado a conseguir.

* * *

Este consejo, que puede ser leído como continuación de 52, aborda la relación príncipe-ministro a la luz del concepto de utilidad. Un concepto que reducido a su esencia remite a las ideas de seguridad y conservación. Guicciardini advierte que la utilidad del ministro, cuyo buen hacer ha procurado al príncipe el poder, se pone en entredicho cuando este, tratando de conducir las acciones del príncipe en función de su voluntad e interés, neutraliza la autonomía del poder adquirido y lesiona su autoridad. En *El Príncipe* Maquiavelo también trata esta problemática exponiendo un razonamiento similar: «Pero a propósito de cómo sea posible a un príncipe conocer al ministro, hay un procedimiento que no falla nunca: si tú ves que piensa más en sí mismo que en ti y que en todas sus acciones anda buscando su propia utilidad, tal persona jamás será buen ministro; jamás te podrás fiar de él, porque aquel a quien se ha fiado el gobierno no debe pensar nunca en sí mismo, sino siempre en el príncipe y no recordarle jamás sino aquellos asuntos que conciernen realmente a su principado» (2023, 145-146).

Quien tiene a su cargo la defensa de ciudades póngase como objetivo principal alargar cuanto pueda la contienda. Pues como reza el proverbio, «quien tiene tiempo tiene vida». La dilación trae consigo infinitos favores que en un principio ni se conocían, ni se esperaban.

* * *

Este consejo, ligado a la reflexión de Guicciardini sobre la imprevisibilidad del futuro, toca uno de los temas favoritos de nuestro autor: el poder de la dilación o la idea en virtud de la cual el paso del tiempo puede traer consigo un cambio imprevisto de las circunstancias que revierta, como consecuencia, una situación desfavorable en su origen. Este tema aparece con fuerza en 1 cuando Guicciardini observa con admiración el punto inesperado al que la resistencia de los florentinos había conducido el asedio de las tropas imperiales: «a quien ha perseverado en su obstinación puede venirle, por muchas razones y con el pasar del tiempo, una ayuda inesperada». No obstante, la crítica subraya el papel fundamental de la experiencia de Guicciardini en la defensa de la ciudad de Parma ante el ejército francés en 1521 como el lugar de la memoria al que remite este consejo (Cfr. Masi, 1994). Guicciardini, nombrado comisario general de los ejércitos de la Iglesia por León X antes de su muerte, se negó a capitular ante los franceses a pesar de que el equilibrio de fuerzas y el estado de la ciudad invitaban a hacer lo contrario. Su empecinamiento fue secundado por la población con resultado feliz para la ciudad. En su *Relazione della difesa di Parma* Guicciardini se refiere a ella como su experiencia de gobierno «más honorable» y apunta: «Y cuanto más se alargaba el combate, tanto más aquellos que estaban en tierra se armaban de valor y corrían a las murallas, de modo que al final hasta las mujeres se unieron para llevar palos y piedras y provisiones para refrescar a los combatientes, como otras cosas necesarias» (Guicciardini 1936, 160). En un plano teórico, la idea de disfrutar de las virtudes de la dilación encuentra su contrario en *El Príncipe*: «Tampoco fue nunca de su agrado [de los romanos] aquello de gozar del beneficio del tiempo, que todo el día estamos oyendo sin cesar de la boca de los sabios de nuestra época; escuchaban, por el contrario, los dictados de su virtud y de su prudencia, pues el tiempo arrastra todo consigo en su curso y puede comportar tanto lo bueno como lo malo, pero igualmente tanto lo malo como lo bueno» (2023, 55).

No gastéis a costa de futuras ganancias, porque muchas veces o no llegan o resultan ser menores de lo previsto; mientras, por el contrario, los intereses se multiplican siempre. Y este es el error que hace fracasar a muchos comerciantes, que pidiendo dinero prestado para utilizarlo en pos de mayores ganancias, cada vez que estas no llegan o se retrasan corren peligro de verse superados por los intereses, pues estos ni se detienen ni disminuyen nunca, sino que crecen y devoran el capital.

* * *

Advertencia de carácter económico que encierra todo el sabor de la sabiduría práctica de la clase mercantil florentina. A pesar de la naturaleza económica de la materia de reflexión, el consejo adquiere sentido en relación con uno de los *topos* clásicos del pensamiento guicciardiniano: la imprevisibilidad de las cosas del mundo, que sometidas a mil accidentes escapan a los cálculos de la razón. Obligan, por tanto, a decidir con prudencia y responsabilidad, evitando en lo posible hacer castillos en el aire.

En materia de economía la prudencia no consiste tanto en saber controlar los gastos, pues muchas veces estos son necesarios, como en saber gastar de manera ventajosa. A saber, gastando un *grosso* para conseguir veinticuatro *quattrini.*

* * *

Consejo de naturaleza económica que permite entender que para Guicciardini el concepto de prudencia aplicado a la administración del dinero no solo tiene que ver con la idea de evitar los gastos superfluos, sino también, o principalmente, con la capacidad para discernir o calcular el mejor tipo de gasto: el que permite un margen de ganancia. De ahí la referencia a gastar un *grosso* para conseguir veinticuatro *quattrini* dado que el *grosso,* moneda medieval de plata, equivalía a veinte *quattrini* (Cfr. Varotti 2016).

¡Cuánto mayor es la felicidad de los astrólogos que la de los demás hombres! Aquellos, diciendo una verdad entre cien mentiras, consiguen tal grado de autoridad que son creídos hasta cuando mienten. Estos, en cambio, diciendo una mentira entre muchas verdades, pierden la credibilidad al punto de no recuperarla más. Esto tiene su origen en la curiosidad de los hombres, que deseando conocer el futuro y no teniendo otro medio, se inclinan a correr detrás del primero que promete contárselo.

* * *

Los consejos 57, 58 y 59 retoman desde distintos puntos de vista la polémica de Guicciardini sobre el carácter imprevisible del futuro. El ataque contra las pretensiones de veracidad de la astrología se convierte en la excusa que permite a nuestro autor recordar que los hombres, cuyas acciones responden a unas constantes antropológicas, están dominados por las pasiones antes que por la razón. En particular, Guicciardini advierte de que la ansiedad por conocer el futuro echa a los hombres en brazos de quien asegura tener el remedio a su ignorancia, a pesar de que ninguna ciencia garantiza su conocimiento. Este razonamiento entronca con el papel central que la tradición del realismo, al menos desde Tucídides, otorga al miedo como elemento que condiciona el comportamiento humano. Y lo orienta, por distintas vías, a perseguir los medios que le procuran seguridad —ya sean estos de naturaleza material, política o espiritual— en un mundo que se caracteriza por su hostilidad. Según la crítica (Cfr. Palumbo 2023) este consejo podría estar inspirado en un paso de las *Cartas familiares* de Petrarca (III, 8).

¡Cuánta razón tiene el filósofo: «de futuris contingentibus non est determinata veritas»! Dale todas las vueltas que quieras, que cuanto más lo consideres tanto más verdadero encontrarás este dicho.

* * *

El «filósofo» al que alude este consejo es Aristóteles y la cita, que pertenece a su obra *Sobre la interpretación (Peri Hermeneias),* puede traducirse como sigue: «La verdad de los acontecimientos futuros no está determinada» (IX, 19 a). Como ha señalado Varotti (Cfr. 2016) la polémica de Guicciardini contra la astrología también puede tener su origen en la cultura savonaroliana. Una cultura que Guicciardini conocía de primera mano a través de su padre. Nótese que en el tratado *Contro gli astrologi* de Savonarola se encuentra la siguiente cita: «Aristotele, nel libro *Periermina [Peri Hermeneias]* dice che delle cose future contingente [...] non è determinata veritas». No obstante, tal y como ha puntualizado Palumbo (Cfr. 2023), en la cultura savonaroliana la posibilidad de conocer el futuro era un atributo reservado al profeta. Punto que Guicciardini, fiel a su escepticismo, parece no contemplar.

Ya le dije yo al papa Clemente, a quien asustaba cualquier peligro, que una buena medicina para no temer con tanta facilidad era recordar cuántas veces había temido cosas similares en vano. No quiero que este consejo sirva para que los hombres no teman nunca, sino para que se acostumbren a no temer siempre.

* * *

En la obra de Guicciardini Clemente VII (1523-1534) comparece como paradigma de político temeroso, cuya dificultad natural para decidir y ejecutar se tradujo en la línea política papal vacilante que contribuyó a la derrota de la Liga de Cognac frente a las tropas imperiales de Carlos V. En la *Storia d'Italia* Guicciardini somete la figura de Clemente VII a una comparación con León X y lo describe como un político negado para resolver, tendente a deshacer sus propias decisiones sobre la marcha e incapaz de liberarse de los temores que lo dominaban: «A pesar de que era una inteligencia muy capaz y que tenía noticia extraordinaria de todas las cosas del mundo, no correspondía, sin embargo, su capacidad de resolución y ejecución. Pues, impedido no solo por la timidez de espíritu, que en él no era poca cosa, y del deseo de no gastar y asimismo de una cierta indecisión y titubeo que le era natural, se mantenía en suspenso y ambiguo cuando se conducía a la resolución de aquellas cosas sobre las cuales ya había previsto, considerado y casi decidido muchas veces en el pasado» (1981, Vol. III, 1592). En la obra de Guicciardini, la falta de decisión de Clemente VII encuentra su perfecto opuesto en la figura de Fernando el Católico, a quien en su *Relazione di Spagna*, de 1513, había descrito como sigue: «Quiere tener noticia de todos los asuntos del reino que pasan por sus manos sean estos grandes o pequeños, y si bien muestra interesarse con gusto por la opinión de todos, es él quien decide y dispone todo» (Guicciardini 1936, 138).

A los hombres solo les es dada una inteligencia superior a lo común para su desgracia y tormento, pues no sirve más que para padecer muchas más fatigas y ansiedades que quienes son de naturaleza más simple.

* * *

Los consejos 60 y 61 constituyen un díptico sobre la vida infeliz y atormentada que en opinión de Guicciardini espera a quienes poseen una inteligencia superior. Resulta interesante observar que en la redacción B, que data de 1528, este consejo se cerraba con una frase que ligaba la reflexión al ideal antropológico renacentista —presente en 47— que define al ser humano como criatura intermedia entre el reino animal y el reino divino, capaz de elevarse a través del cultivo de la razón y la mediación de la cultura: «No obstante, uno participa más de la bestia que del hombre, mientras que el otro trasciende la condición humana y se acerca a las naturalezas celestiales». Su ausencia en la redacción C de 1530, que Guicciardini aborda en Roma tras su exilio de Florencia, redobla el pesimismo de nuestro autor sobre la condición humana y refleja su estado de ánimo tras el hundimiento de su carrera política.

La naturaleza de los hombres es variada: algunos son tan optimistas que dan por seguro hasta lo que no tienen, mientras otros son tan temerosos que nada esperan salvo lo que tienen en su mano. Yo estoy más cerca de los segundos que de los primeros: quien es de esta naturaleza se engaña menos, pero vive con mayor tormento.

* * *

Este consejo, que sigue por su temática al anterior, sirve a nuestro autor para renovar su mirada desencantada sobre la vida. A quien es inteligente y prudente, a quien no se deja engañar por las vanas esperanzas y los falsos ídolos, le espera una existencia más despierta, lúcida y útil, pero atormentada y dominada por el temor. En este punto, la idea de «utilidad», que en Guicciardini se asocia a toda una gama de significados que van desde la pura conservación al provecho o beneficio particular, viene sugerida por la redacción B en la que nuestro autor explicita: «Y es sin duda mejor esperar poco [y sin duda más útil esperar poco en casos similares]».

Los pueblos, en general, como todos los hombres simples, se dejan convencer antes por la esperanza de adquirir que por el peligro de perder. Y, sin embargo, debería ser al contrario, puesto que es más natural el deseo de conservar que el de adquirir. La razón de este engaño reside en que en los hombres, normalmente, puede más la esperanza que el temor. Así las cosas, sucede fácilmente que no temen aquello que debería temer y que esperan aquello que no deberían esperar.

* * *

Este consejo, que también puede ser leído como continuación de 61 en virtud del protagonismo que adquiere la dialéctica esperanza-temor como condicionante del comportamiento humano, constituye, de otra parte, uno de los ejemplos más acabados de la opinión negativa que a Guicciardini le merece el «pueblo» como sujeto político. Si en otros lugares de su obra Guicciardini acusa al pueblo de ser un actor voluble, inconstante y caprichoso, en este consejo Guicciardini advierte que el carácter simple y la condición elemental del pueblo le llevan a confundir el que debería ser su apetito más natural: el deseo de conservación. Sobre la incapacidad del pueblo para formarse un juicio sobre lo que realmente le conviene desarrolla el siguiente razonamiento en el *Dialogo*: «Esto es lo propio de un gobierno en el que la autoridad está en manos de uno solo o de pocos, porque tienen el tiempo, tienen la diligencia, dirigen sus pensamientos hacia estos asuntos, y cuando conocen la necesidad tienen la facultad para disponer en función de la naturaleza de las cosas. Todo esto es ajeno al gobierno de la multitud, porque los muchos no piensan, no atienden, no ven y no conocen las cosas más que cuando han llegado al punto en el que se manifiestan a todos. Y entonces aquello que se hubiese podido arreglar con poco esfuerzo y gasto, después no puede reconducirse si no es con grandísima dificultad y peligro, como a costa de un gasto intolerable» (1970, Vol. I, 360).

Los viejos, como se ve, son más avaros que los jóvenes y debería ser al contrario, pues teniendo menos vida por delante debería bastarles con menos. La razón, se dice, es que son más temerosos. No creo que sea verdad, pues veo que muchos son más crueles, más lujuriosos —si no de acto, sí de pensamiento— y la muerte les duele más que a los jóvenes. La razón, creo, es que cuanto más viven los hombres, más se aferran a la vida y con mayor fuerza abrazan las cosas mundanas. Por tanto, mayor es su afecto e inclinación hacia ellas.

* * *

Tratados como *Sobre la brevedad de la vida* de Séneca o *Sobre la vejez* de Cicerón convirtieron en un lugar común de la cultura clásica el contraste entre el ideal de senectud que espera a la muerte con serenidad —«cuando llegue el último día, el sabio no vacilará en marchar hacia la muerte con paso firme» (Séneca 2024, 127-128)— y la vejez mal entendida de quien se aferra a la vida contra natura —«Ahora bien, qué pretende la avaricia de los viejos, eso sí que no puedo entenderlo. Desde luego, ¿puede haber algo más absurdo que buscar más vituallas cuando menos viaje queda?» (Cicerón 2024, 53-54). La mirada descarnada de Guicciardini sobre la vejez recuerda a la literatura satírica del Renacimiento, que encuentra su cima en el *Decamerón* de Boccaccio, y que presenta a los viejos como seres grotescos y trágicos, dominados por la lujuria, la avaricia y el apetito desmedido por los bienes mundanos.

Antes de 1494 las guerras eran largas, las batallas no eran sangrientas y expugnar las ciudades era una tarea lenta y difícil. Y si bien ya estaba en uso la artillería, se utilizaba con tan poca destreza que apenas hacía daño. De modo que quien gobernaba un Estado era casi imposible que lo perdiese. Sin embargo, vinieron los franceses a Italia e introdujeron en la guerra tal viveza que a la altura de 1521 quien perdía la campaña, perdía también el Estado. El señor Prospero, con su eficaz defensa de Milán, fue el primero en frustrar los ímpetus de los ejércitos. De modo que su ejemplo ha devuelto a los señores y sus Estados la misma seguridad anterior al año 94, si bien por distintas razones: si antes procedía de que los hombres no dominaban el arte de atacar, ahora viene de la maestría adquirida en el arte de defender.

* * *

En las *Storie fiorentine* Guicciardini dejó escrito que la entrada de Carlos VIII en Italia fue como «una llama y una peste que no solo cambió los Estados, sino también la forma de gobernarlos y la manera de hacer la guerra» (1970, Vol. I, 119). Ciertamente, para toda una generación de políticos y pensadores italianos del Renacimiento 1494 es una fecha simbólica, un antes y un después en la historia de la península. La entrada de Carlos VIII hizo saltar por los aires el equilibrio de poder que había regido la relación entre los cinco principales Estados de la península italiana desde la Paz de Lodi (1454) –léase, el Ducado de Milán, la República de Venecia, la República de Florencia, los Estados de la Iglesia y el Reino de Nápoles–, con ello dio comienzo a un ciclo bélico en el que Francia y España hicieron de la península italiana el escenario principal de su lucha por la hegemonía en Europa —las «Guerras de Italia» (1494-1559)—, que terminó con la pérdida de autonomía de los Estados italianos y su entrada en la esfera de influencia de la política española.

Quien llamó a los carruajes «impedimentos» no pudo decirlo mejor; quién puso en circulación el proverbio «Le resulta más agotador poner en marcha un campamento militar que cualquier otra cosa» lo dijo muy bien. Porque es una tarea casi infinita coordinar en un ejército tantas cosas que tienen su propio impulso.

* * *

Reflexión sobre la dificultad inherente a poner en marcha un cuerpo compuesto por elementos tan heterogéneos como los que forman un ejército y que remite a la propia experiencia de Guicciardini como comisario general de los ejércitos pontificios de León X y lugarteniente de los ejércitos pontificios de Clemente VII. Como señala Masi (Cfr. 1994) Guicciardini se apoya en un juego de palabras dado que en italiano «impedimenti» – del latín *impedimenta / impedimentum*— también significa «obstáculos» o «estorbos» debido a que los historiadores latinos denominaban con ese nombre a los carruajes, carros y pertrechos de los ejércitos que comprometían la velocidad del ejército. En castellano la voz «impedimenta» también se incorpora al diccionario con el mismo sentido:«Bagaje que suele llevar la tropa e impide la celeridad de las marchas y operaciones» (RAE). Maquiavelo, en su obra *Del arte de la guerra*, ofrece una definición ampliada del término:«Como sabéis, bajo el nombre de impedimenta los antiguos entendían todo el personal y el material que estaba al servicio del ejército, salvo los soldados. Se trataba de carpinteros, herreros, herradores, canteros, ingenieros, artificieros, pese a que pudiesen considerarse también como combatientes, pastores con sus rebaños de ovejas y bueyes para alimentar al ejército, artesanos de todos los oficios y los vehículos oficiales con las municiones y los víveres» (2003, 155).

No creáis a quienes predican la libertad con pasión, pues casi todos —o más bien sin excepción— persiguen intereses particulares. La experiencia muestra a menudo, y de modo cierto, que si creyesen encontrar una condición mejor en un régimen oligárquico, les faltaría tiempo para correr a defenderlo.

* * *

En la cultura política florentina del Renacimiento la contraposición entre «libertà» y «stato stretto» es una de las formas de referirse al contraste entre un gobierno popular, que pone las riendas del Estado en manos de la mayoría, y un gobierno oligárquico, regido por una minoría. En particular, a partir de 1494 la contraposición entre las dos maneras de entender el gobierno de la república florentina también podía referirse, aunque no de manera exclusiva, a una toma de posición a favor o en contra del gobierno de los Medici. El consejo de Guicciardini, cuyo valor trasciende el contexto político de referencia, avisa al lector sobre el carácter instrumental —y por ende, mudable— de las grandes declaraciones de ideales en la vida política. Se trata de una posición escéptica, propia del realismo, en virtud de la cual las ideas que profesan los actores políticos no son asumidas como expresiones de principios o convicciones genuinas, sino como ejercicios de racionalización al servicio de ambiciones particulares que responden, en última instancia, al deseo natural de los hombres de aumentar su poder y dominar a los demás. Este consejo de Guicciardini encuentra su correspondencia casi perfecta en el *Dialogo* y constituye uno de los momentos más brillantes de su pensamiento político: «Me ha parecido, no pocas veces, que este nombre de libertad se ha tomado con frecuencia por bandera y excusa por quien desea ocultar su codicia y su ambición, un deseo que es, de hecho, tan natural en los hombres. Hablo aquí de la libertad que se refiere al gobierno de la ciudad, no de la que concierne al estado de las personas, a saber, a que un hombre sea libre o esclavo. Me parece, si no me engaño, que el deseo de dominar y ser superior a los demás es connatural a los hombres, y que en general son muy pocos los que aman tanto la libertad que si tuviesen la ocasión de convertirse en señores o superiores a los demás la dejasen escapar» (1970, vol. I, 336).

No hay en el mundo asunto o gestión que requiera mayor virtud que la de un capitán de ejército, ya sea por la importancia de su función o por la necesidad que tiene de poner orden y concierto en cosas infinitas y variadísimas. Al punto que es necesario que sepa prever con mucha antelación y poner remedio a los problemas de inmediato.

* * *

La figura del capitán de ejército sirve a Guicciardini para abordar una de las paradojas o contradicciones a las que se enfrenta, con carácter trágico, quien ejerce el poder o el mando: la necesidad de prever las consecuencias de las decisiones que toma, a la par que es consciente de la imposibilidad de controlar el resultado de estas en un mundo sometido al capricho de la fortuna. (Cfr. Palumbo 2023). El capitán de ejército nos hace entender Guicciardini en su *Storia d'Italia*, es quien con mayor intensidad sufre esta circunstancia (II, 9): «Como cualquiera sabe, el poder que sobre todas las acciones humanas ejerce la fortuna es grandísimo; mayor es en los asuntos militares que en cualquier otra; inestimable, inmenso e infinito en los hechos de armas. Donde cualquier orden mal entendida, donde cualquier disposición mal ejecutada, donde cualquier temeridad, una voz cualquiera, hasta de un soldado insignificante, concede a menudo la victoria a quienes parecían ya vencidos; donde de pronto nacen innumerables contratiempos que son imposibles de prever o gobernar para el consejo del capitán» (1981, Vol. II, 255-256).

En las guerras ajenas la neutralidad solo beneficia a quien tiene el poder suficiente para no temer al vencedor, pues se conserva sin gran esfuerzo e incluso puede albergar la esperanza de pescar en río revuelto aprovechando los desórdenes ajenos. Amén de este caso, la neutralidad es considerada perjudicial, porque te deja a merced del vencedor y del vencido. Y la peor de todas es aquella que no procede del juicio, sino de la falta de resolución. A saber, cuando no habiendo decidido si quieres ser neutral o no, te conduces de tal modo que no contentas ni siquiera a quien se vería satisfecho con que asegurases tu condición de neutral. En esta especie incurren antes las repúblicas que los príncipes, pues aquellos que han de deliberar y tomar las decisiones se encuentran divididos. De tal modo que, aconsejando unos esto, los otros aquello, no son capaces ponerse de acuerdo los suficientes para hacer prevalecer una opinión sobre otra. Y esto fue, precisamente, lo que sucedió en 1512.

* * *

El peligro de la neutralidad en las guerras ajenas es un problema que Guicciardini aborda en todas sus obras de carácter histórico-político y que Maquiavelo también señala en *El Príncipe* como la situación que debe evitar todo político que persiga el prestigio y el reconocimiento de sus pares: «Un príncipe adquiere también prestigio cuando es un verdadero amigo y enemigo, es decir, cuando se pone resueltamente a favor de alguien y contra algún otro. Esta forma de actuar siempre es más útil que permanecer neutral [...]. El vencedor no quiere amigos dudosos que no le defiendan en la adversidad; el derrotado no te concede refugio por no haber querido compartir su suerte con las armas en la mano» (2023, 141-142). El razonamiento de Guicciardini va más allá y asocia la neutralidad a los gobiernos populares, idea que desarrolla teóricamente en el *Dialogo* para justificar su convicción, de base elitista, en la incapacidad del pueblo, al que caracteriza como caprichoso e inconstante, para formar un juicio político adecuado para cada circunstancia. Nótese que la importancia que tanto Guicciardini como Maquiavelo conceden a la reflexión sobre la neutralidad de los Estados no puede disociarse de la situación de vulnerabilidad en la que quedaron los principados y repúblicas italianas en el marco de las llamadas «Guerras de Italia» (1494-1559). En particular, la alusión al año 1512 hace referencia a los hechos que llevaron a la restauración del poder de los Medici en Florencia y que coinciden con la embajada de Guicciardini en España. El gobierno popular de Florencia dudó entre unirse a la Liga establecida por Fernando el Católico, el papa Julio II y Venecia en 1511 o seguir su tradicional política exterior filofrancesa. No tomando partido por nadie y manteniéndose neutral, tras la victoria de la Liga en Rávena y la salida de los franceses de la península el gobierno popular de Florencia quedó a merced de la Liga y su política promedicea.

Si observáis bien veréis que de época en época no solo cambian la forma en la que los hombres hablan y el vocabulario que emplean, las formas de vestir, los estilos arquitectónicos, los órdenes de la cultura y cosas similares, sino, e incluso en mayor medida, el gusto. Al punto que una comida apreciada en una época a menudo es poco estimada en otra.

* * *

Este consejo, con apariencia de apunte de carácter antropológico, remite a la idea de Historia como recurrencia sobre la que se apoya el pensamiento político de Guicciardini. Adquiere pleno sentido, por lo demás, leído a la luz del 76, entre otros. El hombre público prudente, el político sabio, no puede perder de vista que en los fenómenos históricos se revela una doble dimensión. De un lado, lo que permanece y es inmutable, la naturaleza de los hombres, que permite hablar de una idea de la Historia como recurrencia fundada en la identidad entre pasado, presente y futuro. De otro lado, la dimensión de la que se hace cargo este consejo: lo que es accidental y constituye el mundo de las modas, usos y convenciones, que están sometidas al cambio a lo largo del tiempo y el espacio. En el pensamiento político de Guicciardini el conocimiento de lo accidental adquiere un valor especial: determina y condiciona el modo particular en el que la naturaleza de los hombres y sus pasiones se manifiesta o materializa en cada circunstancia. «Las cosas del mundo son de esta condición que podemos decir circular: que aquello que es siempre guarda similitud con el pasado, y lo que será, será similar a lo que ha sido. Será distinto en la superficie y en sus colores, pero semejante en lo esencial y sustancial. Pero no por ello se puede caer en el error de medir esto con la medida de aquello, ni temer que los príncipes de hoy tengan las mismas ambiciones, fines y artimañas que han tenido los del pasado. Y si nosotros vemos todos los días a los pontífices con apetito de señorías temporales, ¿por qué maravillarse de que un emperador sienta una inclinación particular por la autoridad espiritual?» (Guicciardini 1857, 359-360).

La verdadera prueba para el ánimo de los hombres se produce cuando sobreviene un peligro inesperado: quien es capaz de soportarlo —y son muy pocos los capaces— se puede llamar con justicia valiente e impertérrito.

* * *

Consejo de matriz estoica que elogia la capacidad de enfrentarse a los imprevistos de la vida con entereza y decisión. En opinión de Emilio Pasquini este consejo puede interpretarse a la luz de la la *Divina Comedia* (Paraíso XVII, 27): «por lo que mi alma quedará contenta / de saber la fortuna que le guarda / pues flecha vista ya viene más lenta» (Dante 2012, 522).

Si veis avanzar la decadencia de una ciudad, la mutación de un gobierno, el crecimiento de un nuevo imperio u otras cosas similares —que a veces se perciben casi como evidentes— poned atención y no os engañéis con los tiempos. Porque muchos de estos fenómenos son, por su propia naturaleza y otros factores, mucho más lentos de cuánto los hombres imaginan. Y engañarse en este punto se muestra poco prudente y te puede acarrear un enorme daño. Advertidlo bien, porque es una piedra en la que se tropieza a menudo. Sucede lo mismo también con los asuntos privados y particulares, pero mucho más en los públicos y universales. Pues estos tienen, por ser de mayor envergadura, un ritmo más lento y se encuentran sometidos a más accidentes.

* * *

Consejo de inspiración naturalista que mira, entre otras fuentes posibles, a los *Discursos* de Maquiavelo (III, 1): «Nada hay más cierto que el hecho de que todas las cosas del mundo tienen un final, pero, en general, las que cumplen enteramente el ciclo que les ha sido asignado por los cielos son las que no han desordenado su cuerpo, sino que lo tienen regulado de modo que no se cambia, y, si se altera, es para recibir salud y no daño» (2024, 341). Como ha apuntado Varotti (Cfr. 2016), Guicciardini trata de armonizar su convicción de que toda la realidad está sujeta a la ley de decadencia de la naturaleza con una llamada a la prudencia dada la facilidad con la que los hombres se engañan con los tiempos. El consejo, en definitiva, está en armonía con la invitación general que Guicciardini hace a no tomar los principios generales de manera absoluta y mecánica, sino a ponderar cómo se manifiestan en cada caso en virtud de las circunstancias.

No hay cosa terrenal que los hombres deban desear más, ni que merezca mayor gloria, que ver al enemigo postrado en tierra y a su merced. Esta gloria la redobla quien sabe hacer buen uso de ella: a saber, obrando con clemencia y conformándose con haber vencido.

* * *

Los consejos 72, 73 y 74 constituyen un tríptico sobre un *topo clásico* de la cultura humanista: la gloria del príncipe clemente. A saber, la gloria que conquista el príncipe cuando ante el enemigo vencido se conduce a través de un ejercicio virtuoso de dominio, autocontrol y contención de sus pasiones. Séneca, filósofo cuyo nombre se inscribe con letras mayúsculas en el horizonte cultural y formativo de Guicciardini, escribió en su tratado *Sobre la clemencia* que esta aprovecha a todos los hombres por naturaleza, pero conviene sobre todo a los príncipes (I, 26): «La verdadera felicidad es conceder la vida a muchos y devolverlos de la muerte misma a la vida, y merecer por tu clemencia la corona cívica» (2023, 468).

Ni Alejandro Magno, ni César, ni otros que han sido celebrados en estas lides, hicieron jamás uso de la clemencia si ello podía arruinar o poner en peligro el resultado de su victoria, pues hubiera sido una locura. Tan solo fueron clementes cuando ello no disminuía su seguridad y los hacía dignos de una mayor admiración.

* * *

Este consejo introduce un giro típicamente guicciardiniano en el elogio humanista de la clemencia como virtud que debe adornar al príncipe: la necesidad de subordinar su ejercicio a la utilidad política. A saber, la necesidad de entender la clemencia no como un principio absoluto, de aplicación universal, sino como un instrumento que debe obrar al servicio de la seguridad y la reputación del príncipe. Guicciardini reutilizará este consejo en su *Storia d'Italia* para embellecer el discurso del Duque de Alba frente a Carlos V sobre el trato que a su juicio merecían los príncipes italianos por parte del emperador (XVI, 5): «Necesario es que permanezcan atónitos y en suspenso, y que al final compitan por recibir las leyes de su persona: con los cuales será glorioso usar de la clemencia y de la magnanimidad cuando las cosas estén de tal modo que no puedan hace otra cosa que reconocerle como superior. Así lo hicieron Alejandro y César, que fueron liberales y perdonaron las injurias, sin caer en la imprudencia de incurrir de nuevo y por ellos mismos en aquellas dificultades y peligros que ya habían superado» (1981 Vol. III, 1553). Nótese que Maquiavelo, en el célebre capítulo XVII de *El Príncipe,* también hace la misma invitación a armonizar clemencia con utilidad política: «digo que todo príncipe debe desear ser tenido por clemente y no por cruel, pero, no obstante, debe estar atento a no hacer un mal uso de la clemencia» (2023, 114).

La venganza no procede siempre por odio o maldad, pero a veces es necesaria como ejemplo para que los demás aprendan a no ofenderte. Y esto está muy bien, que uno se tome venganza, y sin embargo que no guarde rencor a aquel de quien se venga.

* * *

En el tratado *Sobre la clemencia* Séneca niega de raíz la utilidad o provecho de la venganza para el príncipe (I, 21): «La venganza suele procurar dos cosas: o bien proporciona consuelo a quien recibió el agravio o bien seguridad para el futuro. La condición del príncipe es harto elevada como para necesitar consuelo y su poder sobradamente manifiesto como para buscarse reputación de poder con el daño ajeno» (2023, 460). En este consejo Guicciardini celebra el ideal estoico del político que ejerce el autocontrol y no se deja arrastrar por sus pasiones, sometiendo cada decisión a razón o cálculo. No obstante, nuestro autor no comparte con Séneca —quien asume el principio clásico de la natural sociabilidad de los hombres— la convicción de que la clemencia es útil porque garantiza la protección del príncipe, pues aumenta el amor de sus ciudadanos y la mejor seguridad descansa, precisamente, en la intensidad de este sentimiento (I, 19): «Un solo muro hay inexpugnable: el amor de los ciudadanos» (2023, 458). Guicciardini, por el contrario, parte de una concepción antropológica pesimista en la que apoya una visión de la vida en sociedad marcada por el conflicto y la violencia, antes que por la armonía. Por tanto, la mejor garantía de seguridad no es ser amado, sino temido. A saber, mostrar públicamente, sin llevar el ajuste a un plano personal, una probada capacidad de venganza o disposición a dar respuesta efectiva a toda ofensa recibida. En este punto, el consejo recuerda a un paso del capítulo XVII de *El Príncipe*, famoso por ventilar el dilema ciceroniano sobre si la príncipe conviene ser amado o temido: «Además, los hombres vacilan menos en hacer daño a quien se hace amar que a quien se hace temer, pues el amor emana de una vinculación basada en la obligación, la cual (por la maldad humana) queda rota siempre que la propia utilidad da motivo para ello, mientras que el temor emana del miedo al castigo, el cual jamás te abandona» (2023, 116).

El papa León contaba que su padre, Lorenzo el Magnífico, solía decir:«Sabed que quien habla mal de nosotros no nos quiere bien».

* * *

Giovanni de Medici (1475-1521), segundo hijo de Lorenzo llamado «el Magnífico» (1449-1492) y papa con el nombre de León X (1513-1521) introdujo a Guicciardini en el gobierno del Estado de la Iglesia como gobernador de Módena (1516) y Reggio Emilia (1517). Nuestro autor lo definió en su *Storia d'Italia* como político astuto y gran simulador, artífice de la restauración del poder de los Medici: «León, primero en llevar la grandeza eclesiástica a la Casa Medici, se sostuvo a sí mismo y sostuvo a su familia, caída de lugar eminente a suma decadencia, merced a la autoridad del cardenalato» (1981, Vol. III, p. 1590). El carácter tautológico del consejo adquiere sentido a la luz del clima de desconfianza y sospecha que dominaba las relaciones de las grandes familias florentinas. En el caso de los Medici, la experiencia de la conjura de los Pazzi de 1478, atentado contra Lorenzo y Giuliano de Medici que tuvo lugar en la catedral de Santa María del Fiore con el beneplácito del papa Sixto IV —y que terminó con la vida del segundo, padre del futuro Clemente VII— ocupó un lugar importante en la memoria familiar. Determinó una actitud de sospecha permanente hacia cualquiera que mostrase una actitud de reserva hacia la familia, las bases de su poder y sus intereses.

Fig. 4: *Retrato de León X entre los cardenales Giulio de' Medici y Luigi de' Rossi* (ca. 1518), realizado por Rafael y conservado en la Galeria degli Uffizi.

Todo lo que ha sido en el pasado y es en el presente, también lo será en el futuro. Pero si los nombres y la apariencia de las cosas cambian, al punto de no ser reconocidas por quien carece de buen ojo, no se sabe extraer regla ni formar juicio a través de la observación.

*   *   *

Este consejo —que puede ser leído con provecho junto a 69— recoge dos ideas fundamentales sobre las que descansa el pensamiento político de Guicciardini. De un lado, una concepción de la Historia como recurrencia basada en la idea de identidad entre pasado, presente y futuro. Del otro, la necesidad de tener presentes los límites del conocimiento histórico, pues la identidad de fondo de la Historia se hace presente con distintos rostros y ropajes, al punto que solo quien disfruta de «buen ojo» puede sacar provecho de ella distinguiendo entre lo esencial y lo accidental. Estas dos ideas no solo se sienten con fuerza en los razonamientos de sus obras de carácter político e histórico, sino también en los escritos de naturaleza diplomática y epistolar. En una carta fechada el 18 de mayo de 1521 en Módena, dirigida a Maquiavelo en su condición de embajador florentino ante el Capítulo general de los frailes franciscanos reunidos en Carpi, Guicciardini escribía: «Maquiavelo queridísimo. Cuando leo vuestros títulos de embajador de república y de frailes y considero con cuántos reyes, príncipes y duques habéis negociado en otras ocasiones, me acuerdo de Lisandro, a quien, después de tantas victorias y trofeos, le fue dado el encargo de distribuir la carne a aquellos mismos soldados a quienes había comandado gloriosamente. Y digo: mirad cómo, cambiados solo los rostros de los hombres y los colores extrínsecos, vuelven todas las mismas cosas, ni vemos accidente alguno que no se haya visto en otro tiempo, pero el mudar de nombres y figuras hace que solo los prudentes las reconozcan.

De aquí que la historia sea buena y útil, pues te pone ante los ojos y te hace reconocer y ver de nuevo lo que nunca habías conocido ni visto» (Guicciardini 2022,196). Véase la similitud de este consejo de Guicciardini con el siguiente pasaje de la *Historia de la guerra del Peloponeso* de Tucídides en la que el historiador griego narra la guerra civil de Corcira (III, 82): «Recayeron sobre las ciudades con motivo de las revueltas muchas y graves calamidades, como las que suceden y sucederán siempre, mientras la naturaleza humana siga siendo la misma, con violencia mayor o menor y cambiando de aspecto de acuerdo con las alteraciones que se presenten en cada circunstancia» (201, 316).

Cuando fui embajador en España tuve ocasión de observar que el rey Católico don Fernando de Aragón, príncipe potentísimo y prudentísimo, cuando quería empezar una nueva empresa o tomar una decisión de gran importancia, procedía de tal manera que, antes de que se conocieran sus intenciones, toda la corte y el pueblo exclamaban«el rey debería hacer esto». De tal modo que dando a conocer su decisión cuando esta ya era deseada y aclamada, resulta increíble con qué conformidad y favor procedía ante sus súbditos y en sus reinos.

* * *

La admiración de Guicciardini por la figura de Fernando el Católico se deja ver desde su estancia en España como embajador de la República de Florencia. En una carta fechada en Valladolid el 17 de junio de 1513, en la que nuestro autor describe a su hermano Luigi los descubrimientos de los españoles en América y el beneficio para el tesoro real que trajo el desarrollo del comercio con el nuevo continente, puede leerse: «En efecto, por lo que puede verse, su gran fortuna, que lo ha acompañado desde el día en que nació hasta hoy, parece incluso más verde y fresca que nunca. Y si le acompaña hasta la muerte, se podrá decir sin duda que desde Carlomagno a esta parte no ha habido en toda la cristiandad un príncipe tal» (Guicciardini 2022, 49). La mayoría de los pasajes de la obra de Guicciardini en las que describe las virtudes de Fernando el Católico como hombre de Estado ensalzan su astucia. Léase, su capacidad para simular, disimular o dejar caer la palabra dada para hacer avanzar sus intereses. En este caso, nuestro autor lleva el análisis clásico de la astucia de Fernando el Católico más allá: alaba su capacidad para organizar un consenso favorable a sus intereses en la que apoyar sus empresas políticas. En este consejo Guicciardini muestra una sensibilidad moderna en la que la imagen del príncipe y la opinión que merecen su persona y sus acciones son consideradas una dimensión indisociable del ejercicio del poder. Punto que también resulta crucial en el análisis que Maquiavelo realiza en *El Príncipe*: «Y entre todas las cosas de las que un príncipe debe guardarse se encuentran el ser digno de desprecio y odioso» (2023, 114).

Las mismas cosas que a su debido tiempo son fáciles de conseguir —más aún, caen por su propio peso— a destiempo no solo no se consiguen, sino que incluso arruinan la facilidad con la que se obtendrían llegado su momento justo. Luego, no corráis ciegos tras las cosas, no las precipitéis, esperad que maduren, esperad su momento.

* * *

Los consejos 78, 79 y 80 constituyen un tríptico sobre un tema que atraviesa toda la obra de Guicciardini y que acompaña su reflexión sobre las cualidades que deben adornar al político: las ventajas que ofrece saber «gozar del beneficio del tiempo». Los tres consejos, por tanto, continúan el diálogo abierto con Maquiavelo sobre el particular y dan cuerpo a la preocupación clásica del realismo por la educación del juicio político al servicio de una racionalidad estratégica en un mundo marcado por el conflicto y la inestabilidad. El autor de *El Príncipe* combatió el éxito que en su tiempo acompañó a la idea de «gozar del beneficio del tiempo» echándose en manos del ejemplo de los romanos: «Tampoco fue nunca de su agrado gozar del beneficio del tiempo, que todo el día estamos oyendo sin cesar de la boca de los sabios de nuestra época; escuchaban, por el contrario, los dictados de su virtud y de su prudencia, pues el tiempo arrastra todo consigo en su curso y puede comportar tanto lo bueno como lo malo, pero igualmente tanto lo malo como lo bueno» (2023, 53). Para Guicciardini, por el contrario, la prudencia es un síntoma de sabiduría y encarna una posición virtuosa entre dos extremos: la cautela que deriva en pasividad y deja escapar las oportunidades y la precipitación que las malbarata. El político, por tanto, debe conducir su acción apoyándose en un análisis detallado de todos los factores que participan en el proceso de toma de decisión, esperar su momento e intervenir cuando considera que la ocasión está madura.

El proverbio que dice «el sabio debe gozar del beneficio del tiempo» sería peligroso si no fuese bien entendido. Pues cuando tienes al alcance de la mano aquello que deseas, quien pierde la ocasión no la vuelve encontrar a su medida. Y en muchas circunstancias es necesario decidir y actuar con resolución. Pero cuando te veas ante dilemas o en situaciones que te incomodan, dilata el tiempo y espera cuanto puedas, pues a menudo este te ilumina o te libera. Entendido así este proverbio, resulta siempre saludable; de cualquier otro modo, sería siempre pernicioso.

* * *

En este consejo Guicciardini concreta el sentido de la fórmula «gozar del beneficio del tiempo» como emblema de comportamiento virtuoso. Como ha señalado Palumbo (Cfr. 2023) no se trata de una regla de comportamiento unívoca, sino de una fórmula que asocia la sabiduría con la capacidad de armonizar el proceso de toma de decisión o intervención con la cualidad de los tiempos. De este modo, saber «gozar del beneficio del tiempo» significa mostrar una capacidad probada para resolver un problema de manera distinta en función de las circunstancias. En este sentido, puede significar demorar la solución a la espera de una ocasión más propicia, como su ejecución a través de una acción rápida y eficaz.

Son verdaderamente felices aquellos que pueden disfrutar de una misma ocasión más de una vez, pues uno puede perder o malgastar la primera incluso siendo prudente. Pero quien no la sabe reconocer o aprovechar la segunda vez, resulta imprudentísimo.

* * *

Consejo que cierra el tríptico sobre las ventajas que ofrece saber «gozar del beneficio del tiempo». Guicciardini lo hace con una llamada explícita a la idea de «ocasión» u «oportunidad» para reforzar la idea que asocia la prudencia —y, por ende, la virtud o sabiduría política— con la capacidad de reconocer y materializar las oportunidades. La idea de «ocasión» también tiene una presencia importante en la obra de Maquiavelo, en la que también aparece íntimamente vinculada a los conceptos de «virtud» y «fortuna». Así en el capítulo VI de *El Príncipe* podemos leer en referencia a Ciro, Moisés, Rómulo, Teseo y quienes fundaron o adquirieron reinos «con las armas propias y con virtud»: «Considerando sus acciones y su vida, se ve que no eran deudores de la fortuna, sino de la oportunidad [«occasione»], la cual les proporcionó la materia en la que poder introducir la forma que les pareció más conveniente. Sin esa oportunidad la virtud del ánimo se habría perdido y sin dicha virtud la oportunidad habría venido en vano» (2023, 66).

No tengáis nunca una cosa futura por tan cierta, aunque parezca segurísima, que pudiendo tener una alternativa a mano que no comprometa vuestra posición en caso de que ocurriese lo contrario a lo esperado, no la tengáis. Porque las cosas a menudo resultan tan contrarias al sentido común que la experiencia muestra que es señal de prudencia actuar de tal modo.

* * *

En este consejo —que también puede leerse en relación con el tríptico anterior— Guicciardini retoma uno de sus temas predilectos: la impredecibilidad del futuro. Una condición que obliga a quien quiere obrar de manera prudente a tener siempre a mano un plan de acción alternativo. La prudencia, que en la cultura cristiana brilla como la virtud cardinal que permite distinguir lo bueno y lo malo, en el pensamiento de Guicciardini adopta la condición de racionalidad estratégica: no solo remite a la discreción o buen juicio que habilitan para reconocer, distinguir y aprovechar las oportunidades —es decir, «gozar del beneficio del tiempo»—, sino que también se refiere a una actitud de reserva ante la previsibilidad de nuestras acciones. De fondo —tal y como se expresa en 30 y 31— opera una visión de la historia como el reino de la contingencia en el que las acciones humanas no se dejan reconducir a un orden racional, pues están sometidas a la volubilidad de la fortuna, la fuerza de la necesidad y el poder de las pasiones humanas. El ideal del político que prevé el futuro y sus consecuencias encuentra su modelo original en la descripción que hace Tucídides de Temístocles en su *Historia de la Guerra del Peloponeso* (I, 138): «Cualquier cosa que tuviera entre manos era capaz de exponerla; y de lo que no había tenido experiencia, no dejaba de formarse una opinión, y preveía extraordinariamente lo que aún estaba indeciso, fuera bueno o malo. Por decirlo todo, gracias a la fuerza de su ingenio natural y por la rapidez con que se preparaba, era el más capaz de improvisar lo que hiciera falta» (2019, 152).

A menudo pequeñas causas, apenas perceptibles, son el origen de grandes ruinas o de gran felicidad. Por tanto, resulta de grandísima prudencia tomar en consideración y ponderar bien cada cosa, así sea mínima.

* * *

La invitación de Guicciardini a tomar en consideración cada factor o elemento a la hora de valorar una situación no solo vale como muestra de su empirismo. Puede leerse con provecho a la luz de una disposición que prioriza el conocimiento que se nutre de la observación y de la experiencia, antes que de modelos teóricos predeterminados que reducen la realidad a un número limitado de principios causales. En el consejo 6 —clave de bóveda del pensamiento guicciardiniano— al menos en lo que a producción de conocimiento útil al servicio de la política se refiere, ya se advierte al lector: «Hablar de las cosas del mundo de manera indistinta y absoluta, y por así decir, conforme a regla, es un error». Se trata, en definitiva, de una posición filosófica que recela de la capacidad de la teoría para dar cuenta de todos los matices de la realidad y que entronca, por su fondo y forma, con la tradición del escepticismo occidental. La fuerza de este consejo se hace sentir en toda la obra de Guicciardini, desde el *Dialogo del reggimento di Firenze* hasta la *Storia d'Italia*, para subrayar la distancia que tantas veces media entre los planes que los hombres trazan sobre el papel y sus resultados. En opinión de Pasquini (Cfr. 2023), el consejo de Guicciardini también remite a un paso conocido de la *Divina comedia* (Paraíso, I, 34): «Leve chispa gran llama acaso esconda: / tras de mí mejor voz tal vez despunta / que ruegue y a la cual quizás Cirra responda» (2012, 420).

En otro tiempo fui de la opinión de que aquello que no era capaz de ver con claridad de manera inmediata tampoco lo entendería después, por muchas vueltas que le diese. No obstante, he visto en mí y en otros lo contrario: que cuanto más y mejor se piensan las cosas, mejor se entienden y se hacen.

* * *

Consejo con forma de palinodia —presente en las tres redacciones de los *Ricordi*— que sirve a Guicciardini para elogiar el valor de la experiencia. El texto enfrenta, en tono autobiográfico, la fe juvenil en el poder de la intuición con la inclinación adulta por el juicio madurado, atemperado por la experiencia, sobre el que se vuelve una y otra vez para extraer toda su miga. (Cfr. Varotti 2016). En general, en toda la obra de Guicciardini prevalece el elogio del hombre que hace tesoro de la experiencia frente al que se deja guiar por la intuición o confía en la autoridad de los libros. En el *Dialogo* Guicciardini pone en boca de uno de los protagonistas que se presta a escuchar la opinión de Bernardo del Nero, *alter ego* del propio autor: «En mi caso, no sé qué mayor deleite podría tener que oír hablar de asuntos públicos y civiles a un hombre de avanzada edad y singular prudencia que no ha aprendido estas cosas en los libros de los filósofos, sino de la experiencia y con las acciones, que es el verdadero modo de aprender» (1970, Vol. I, 306).

No dejéis que se os excluya de los asuntos políticos si deseáis participar en ellos, porque no se vuelve a placer. Sin embargo, si estás en ellos verás como una cosa llama a la otra, sin que empeñes tu diligencia o industria para conseguirlas.

* * *

Advertencia sobre la lógica de la vida política, que en este caso toca la materia de los nombramientos, con la que muestro autor quiere advertir a sus lectores que unos cargos llaman a otros cargos, como unas responsabilidades llaman a otras oportunidades. En las versiones A y B de los *Ricordi*, Guicciardini —quien, por otra parte, proyecta sobre este consejo la experiencia de quien alcanzó, cargó tras cargó, grandes responsabilidades como funcionario laico del Estado de la Iglesia— enfatizó este mensaje culminando la redacción con el proverbio popular toscano «Di cosa nasce cosa», que finalmente no comparece en la redacción C.

La suerte de los hombres no solo es distinta de hombre a hombre, sino *etiam* en uno mismo. Porque uno resulta afortunado en una cosa y desafortunado en otra. Yo he sido feliz con aquellas ganancias que se hacen sin capital, debidas a la propia industria, desgraciado con las demás. He obtenido las cosas con dificultad cuando las he buscado; cuando no las he buscado, las mismas han corrido detrás de mí.

* * *

Se trata de un consejo de matriz biográfica que gracias a la indicación cronológica que incluía en las redacciones A y B permite vincular la reflexión a la experiencia profesional de Guicciardini en la corte pontificia de Clemente VII. El día de Navidad de 1523 el segundo pontífice de los Medici ofreció a Guicciardini la presidencia de la Romaña sin que él hubiese pedido el cargo, ni mostrado interés por la posición. Después de una larga meditación, Guicciardini terminó aceptando el cargo en enero de 1524, pero solo después de conocer la retribución que acompañaba al mismo. Dado que en las redacciones A y B los consejos 84 y 85 hacían un solo cuerpo, puede deducirse que la referencia a la biografía de Guicciardini fortalecía el mensaje del proverbio popular toscano «Di cosa nasce cosa», como ejemplo de quien consigue mejorar su condición por su buen hacer (Cfr. Masi 1994).

Quien tenga entre manos grandes negocios o aspire a la grandeza, corra un tupido velo sobre las cosas que no le favorecen y amplifique aquellas que le favorecen. Se trata de una suerte de artificio bien contrario a mi naturaleza. Pero como la carrera de los hombres depende tan a menudo de la opinión de otros antes que de los hechos, el crearse fama de persona próspera te favorece, mientras lo contrario perjudica.

* * *

Consejo en el que Guicciardini retoma la idea de «reputación» desde el punto de vista de su utilidad: como el capital que abre la puerta a los beneficios que pueden procurar conocidos y desconocidos. En la misma línea en la que Castiglione define la idea de «buena opinión» en *El cortesano* (véase 42). Se trata, por tanto, de una invitación a poner en marcha el «artificio» consistente en simular las virtudes y disimular los defectos al objeto de «crearse fama». Con este consejo, que echa raíces en la dialéctica ser-parecer propia del Renacimiento, Guicciardini muestra una sensibilidad del todo moderna al asumir la idea de «reputación» o «fama» no solo como una distinción que corona una acción o trayectoria virtuosa, sino como una dimensión que se construye o moldea para conseguir un efecto de apariencia que no se corresponde necesariamente con la realidad, sino que es envoltorio o fachada. Recuérdese que Maquiavelo en *El Príncipe* ya advertía que el buen simulador tenía mucho que ganar en un mundo en el que: «los hombres en general juzgan más por los ojos que por las manos, ya que a todos es dado ver, pero palpar a pocos» (Maquiavelo 2023, 121).

Son muchos más los beneficios que te procuran parientes y amigos sin que ni tú ni ellos caigáis en la cuenta, que los que sabes a ciencia cierta que proceden de ellos. Pues raras veces, en efecto, se dan situaciones en las que debes recurrir a su ayuda, si se comparan con las que habitualmente se suceden del hecho de que todos piensen que puedas apoyarte en ellos a placer.

* * *

Consejo en el que la sensibilidad de Guicciardini por la utilidad de los vínculos sociales alcanza una de sus expresiones más sofisticadas. Hacer gala de una red consolidada de amigos y familiares con poder para beneficiarte constituye, en sí mismo, un capital con total independencia de que la ayuda, llegado el momento, se materialice. Formaría parte, siguiendo la lógica utilitaria del razonamiento de Guicciardini, de las señales públicas que contribuirían a forjar un buen nombre o reputación. Como bien señala Pasquini (Cfr. 2023), en sus *Ricordanze* Guicciardini deja constancia del valor que otorga a este consejo cuando elige como esposa a Maria Salviati contra la opinión de su padre, mirando antes al prestigio y la posición política de la familia Salviati que a la dote: «riqueza, benevolencia y reputación hacían avanzar a cualquier ciudadano privado en Florencia y yo me encontraba muy inclinado hacia estas cosas, por eso les quería [a los Salviati] como parientes a todo trance» (1936, 58).

Un príncipe, como cualquier otro que se traiga entre manos asuntos importantes, no solo debe mantener en secreto las cosas que no es bueno que se sepan, sino que debe acostumbrarse, igual que sus ministros, a guardar silencio sobre todas las cosas —*etiam* las más insignificantes y aparentemente irrelevantes—, con la excepción de aquellas que interesa hacer públicas. Así las cosas, si quienes te rodean y tus súbditos no conocen lo que tienes en mente, los hombres se mantendrán siempre en suspenso y casi atónitos. Y cada uno de tus pequeños pasos y movimientos será examinado con atención.

* * *

La importancia que Guicciardini concede a la capacidad del político para acumular información y ocultar o administrar su publicidad en función de la utilidad encarna una idea de la política que incorpora como dimensión necesaria la gestión de un saber de carácter reservado y confidencial, incluso para sus más estrechos colaboradores. No puede perderse de vista que la tradición del realismo, que también entiende la política como gestión de los secretos del poder o «arcana imperii», el saber en manos del príncipe debe ser ocultado, disimulado y dosificado no solo para enfrentarse a sus enemigos con mayor eficacia, sino también para disciplinar a sus súbditos y mantener a raya la ambición de sus colaboradores. De ello se desprende un principio: cuanto mayor es el misterio y secreto que rodea al príncipe, más se refuerza su poder. En su *Relazione di Spagna* Guicciardini decía lo siguiente de Fernando el Católico: «Sus obras, sus palabras y sus modales, como la opinión común que de él se tiene, demuestran que es un hombre muy sabio y reservadísimo, que no habla de los asuntos importantes si no es por necesidad» (1936, 138).

No doy mucho crédito a las noticias verosímiles hasta que tengo una fuente segura. Pues teniendo esta apariencia verdadera no es difícil encontrar a quien se las invente. En cambio, no se fingen tan a menudo aquellas que no son verosímiles o son insospechadas. Razón por la cual cuando llega a mis oídos alguna, aunque no sea cierta su autoría, le presto más atención que a las otras.

* * *

En este consejo Guicciardini se dirige a un lector que no es emisor de información, sino receptor. Pero a quien se sugiere por igual la necesidad de dominar el arte de la simulación, que en el mundo cortesano puede ser, al mismo tiempo, un instrumento ofensivo y defensivo. Nuestro autor, a quien caracteriza cierto gusto por la paradoja o la enseñanza que desafía la lógica, advierte que la apariencia de verdad puede ser el vehículo propicio de la mentira y viceversa. Se trata, en última instancia, de un consejo que se apoya en la disociación entre ser y parecer propia de la cultura del realismo que Maquiavelo, en polémica con Cicerón, resume en la invitación al príncipe a ser hombre y bestia para saber usa la fuerza y la astucia, el león y la zorra: «Pero es necesario saber colorear bien esta naturaleza y ser un gran simulador y disimulador: y los hombres son tan simples y se someten hasta tal punto a las necesidades presentes, que el que engaña encontrará siempre quien se deje engañar» (2023, 120).

Quien depende del favor de los príncipes está sujeto a cada gesto, a cada pequeño además suyo. Al punto que su posición varía fácilmente con su capricho, lo que con frecuencia ha supuesto la ruina de muchos hombres. Luego, urge tener las cosas bien claras para no dejarse engatusar y no empeñarse más que en cosas importantes.

* * *

Advertencia sobre la vida cortesana que entiende al príncipe como el centro de gravedad de un sistema de poder y que eleva sus gestos a la categoría de las señales que el cortesano debe interpretar para conservar su posición, medrar o hacer progresar sus intereses. La autoridad del príncipe, de este modo, adquiere una dimensión dramática que se expresa a través de un código ritual que el cortesano debe conocer para participar en la competición de muestras de obediencia que se produce entre los cortesanos. No obstante, el consejo de nuestro autor —que puede ser leído como continuación de 88— pone el acento en el carácter caprichoso de los príncipes: su naturaleza tornadiza y voluble puede destruir al cortesano que se mueve en una dirección y en otra, sin norte ni principio, para intentar dar satisfacción a cada uno de los antojos de su señor. Guicciardini resume la receta para sobrevivir en la corte con la expresión toscana «tenere bene il capo fermo»: tener claridad sobre las propias ideas, ser consciente de los propios intereses y límites para no dejarse arrastrar por el capricho principesco.

91

Nunca me ha podido entrar en la cabeza que la justicia de Dios permita a los descendientes de Ludovico Sforza disfrutar del Estado de Milán, dado que lo conquistó de manera abyecta y para adquirirlo provocó la ruina del mundo.

* * *

En la *Storia d'Italia* Guicciardini hace a Ludovico Sforza (1452-1508), llamado «el Moro», el responsable de la crisis política de 1494 —origen de las llamadas «Guerras de Italia»— por haber animado a Carlos VIII a intervenir en la política italiana convencido de que la presencia del rey francés en la península favorecería la posición del ducado de Milán frente al resto de los Estados italianos. Ludovico Sforza se hizo con el gobierno del ducado de Milán convirtiéndose en regente durante la minoría de edad de su sobrino Gian Galeazzo, a quien usurpó el poder. Tras la muerte de este en 1994 se convirtió *de facto* en duque de Milán excluyendo de la línea sucesoria al hijo de su sobrino, a quien tocaba el título por su condición de primogénito. Sus hijos, Massimiliano (1493-1530) y Francesco II (1495-1535), fueron ambos duques de Milán. Guicciardini asocia este cuadro con la «causa de la ruina del mundo» porque la ambición desmedida de Ludovico Sforza —unida a otros factores, como la muerte de Lorenzo «el Magnífico»— trajo como consecuencia la intervención francesa y la pérdida de la «tranquilidad de Italia». Más allá de la escasa simpatía de nuestro autor por la casa Sforza, el consejo sirve a Guicciardini para subrayar una visión de la política que disocia poder y moral: el origen ilegítimo de un orden político no garantiza, ni mucho menos, su condena al fracaso pues la política responde a una lógica que posee autonomía frente a la moral o la religión.

No digáis: «Dios ha ayudado a este porque era bueno, a este otro le ha ido mal porque era malo», pues a menudo se observa lo contrario. Y no por ello debemos concluir que no existe la justicia de Dios, pues sus máximas son tan profundas que son llamadas, con todo merecimiento, *abysus multa*.

* * *

Consejo de inspiración bíblica —«Tu justicia es como los montes de Dios; tus juicios como profundo abismo» (Salmos 36: 6-7)—, que sirve a Guicciardini para advertir del carácter impenetrable de la voluntad de Dios. Resulta inútil, por tanto, todo esfuerzo orientado a buscar las señales de la justicia divina en el caos del mundo. Este consejo, que solo comparece en la colección de los *Ricordi* en la versión C —redactada a partir de la primavera de 1530— recoge todo el escepticismo que domina el ánimo de Guicciardini en el ocaso de su carrera política. Expresa la lucidez tardía, de naturaleza trágica, del hombre de Estado a quien la experiencia ha confirmado que el comportamiento virtuoso no es garantía de éxito en un mundo en el que el reparto de las victorias y las derrotas está en manos de la fortuna.

Así como un ciudadano privado atenta contra el príncipe y comete un *crimen lese maiestatis* cuando quiere suplantar al príncipe, tanto así yerra un príncipe y comete *crimen lesi populi* cuando pretende arrogarse las tareas que pertenecen al pueblo y a los particulares de suyo. Por ello el duque de Ferrara es merecedor de un grandísimo reproche, por meterse a comerciar, a imponer monopolios y a otras actividades productivas que corresponden a los ciudadanos privados.

* * *

El duque de Ferrara Alfonso I d'Este (1476-1534) aparece retratado en la *Storia d'Italia* de Guicciardini como un hombre de Estado riquísimo que «en muchos casos representa antes a un mercader que a un príncipe». No obstante, el hecho de que la fortuna del duque tuviese su origen en la intromisión sistemática en la actividad económica de sus ciudadanos a través de la constante creación de nuevos tributos y aranceles merece el reproche de Guicciardini y la creación *ex profeso* de la categoría «crimen lesi populi» con la que trata de delimitar una esfera de actividad propia de la sociedad y de los ciudadanos, en este caso económica, en la que el príncipe no tiene derecho a intervenir. Nótese que en la redacción B de los *Ricordi* la injerencia del duque de Ferrara en los negocios de sus ciudadanos merece a Guicciardini la acusación de «tirano». La crítica ha señalado que Guicciardini razona en este punto inspirado en la tipología que ofrece la obra *De tyranno* de Bartolo de Sassoferrato, en particular cuando define la tiranía *ex parte exercitii* como ejercicio arbitrario del poder distinta de la tiranía *ex defectu tituli* (Cfr. Varotti 2016).

El cortesano que aspira a ser empleado por príncipes debe ingeniárselas para que estos no lo pierdan de vista. Pues a menudo surgen negocios que solo puede confiarte si te ve y se percata de tu presencia. Los cuales, si no te tuviese ante sus ojos, se los encomendaría a otro.

* * *

Advertencia que señala la necesidad de ver y ser visto como *conditio sine qua non* para participar en la lógica de poder de la vida cortesana. El consejo —de clara inspiración tacitista— da continuidad al esfuerzo que Guicciardini realiza en los *Ricordi* por organizar una suerte de filosofía cortesana que sea útil a quien persiga modelar su conducta y racionalizar su comportamiento para hacer avanzar sus intereses en la corte. La idea que supedita la posibilidad de ser empleado por un príncipe a poder hacerse presente ante sus ojos recuerda con fuerza a la célebre carta que Maquiavelo dirige Francesco Vettori —con fecha del 10 de diciembre de 1513— en la que pide a su amigo, presente en la corte del papa León X, que haga llegar su opúsculo *De principatibus* a los Medici para que gracias a su obra los nuevos señores de Florencia tuviesen presente cuán útil les podría ser ofrecer un empleo al *quondam secretario*.

Temerario es aquel que ignorando el peligro se lanza sobre él sin consideración. Arrojado es aquel que conoce el peligro pero no lo teme más que lo necesario.

* * *

La distinción entre el coraje y la temeridad es un tema propio de la filosofía clásica que trataron, entre otros, Aristóteles en la *Ética a Nicómaco* (III 7, 1115b-1116a) y Cicerón en *Sobre los deberes*, quien dejó escrito (I, 83): «Aunque es verdad que no hay que evitar un peligro con la huida, de suerte que nos manifestemos tímidos y cobardes, también lo es que no debemos exponernos sin causa a los peligros, porque sería la mayor locura que se puede cometer» (2015, 118).

El proverbio según el cual los sabios son temerosos porque conocen todos los peligros, y por tanto temen de manera extraordinaria, es antiguo. Sin embargo, creo que este proverbio es falso, porque no se pude seguir llamando sabio a quien estima un peligro más de lo que debería ser tomado en consideración. Llamaré sabio, por el contrario, a quien pondera el peligro y lo teme en su justa medida. Aún más, se puede llamar antes sabio al valiente que al temeroso. Pues presuponiendo que los dos razonan adecuadamente, la diferencia entre ambos radica en que el temeroso da por ciertos todos los peligros que conoce y que pueden ser, poniéndose siempre en el peor de los casos. Por el contrario, aunque el valiente también es consciente de todos ellos, considera tanto los que pueden ser evitados por la industria del hombre, como aquellos que el azar hace desvanecer por sí solos. A saber, no se deja confundir por todos los peligros, sino que asume sus empresas con el fundamento y la esperanza de que no todo aquello que puede ser será.

* * *

Consejo que da continuidad al anterior y que remite a un pasaje bíblico: «El sabio teme y se aparta del mal; más el insensato se muestra insolente y confiado» (Proverbios 14:16). Según Varotti (Cfr. 2016) la fuente en la que Guicciardini se inspira para redefinir al «sabio» o «valiente» como aquel que«no se deja confundir por todos los peligros» puede ser la *Historia de la guerra del Peloponeso* de Tucídides. En particular, algunos fragmentos en los que recoge la oración de Pericles a los atenienses (II, 40): «Podrían ser considerados justamente los de mejor ánimo aquellos que conocen exactamente lo agradable y lo terrible y no por ello se aparta de los peligros» (2019, 194).

Cuando Clemente VII fue elegido papa, el marqués de Pescara me comentó que quizás nunca había sido testigo del éxito de algo universalmente deseado. La razón de ello puede deberse a que son los pocos, que no los muchos, los que mueven las cosas del mundo. Y sus fines son casi siempre diversos a los fines de los muchos, por tanto, dan lugar a resultados diferentes a los deseados por la mayoría.

* * *

Este consejo resume a la perfección la concepción elitista de la política de Guicciardini. Una concepción en virtud de la cual en todos los regímenes políticos, con completa independencia de su naturaleza jurídico-política, el poder termina en manos de una minoría. Advertencia que encaja a la perfección con su ideal de gobierno republicano, que no renuncia a la participación popular pero que pone las riendas del Estado en manos de una minoría que se distingue no por su linaje, sino por su experiencia y conocimiento en materia de gobierno. Esta idea encuentra un desarrollo teórico más completo en el *Dialogo*: «Las ciudades, así sean libres, si están bien ordenadas se apoyan en el consejo y la virtud de pocos. Y si tomáis un periodo de diez o quince años al azar, encontraréis que en ese tiempo no son más que tres o cuatro ciudadanos en quienes descansa la virtud y el nervio de las consultas y las acciones más importantes» (1970, Vol. I, 412).

Fig. 5: *Retrato de Clemente VII* (1526), realizado por Sebastiano del Piombo y conservado en el Museo Nacional de Capodimonte de Nápoles.

Un tirano prudente, aunque estime a los sabios cautos, tampoco desprecia a los animosos cuando los reconoce de naturaleza tranquila, pues tiene la esperanza de poder satisfacer sus aspiraciones. Son los animosos e inquietos los que le desagradan, porque no cuenta con poder contentarlos y, por tanto, se ve forzado a pensar el modo de acabar con ellos.

* * *

Se trata del primero de un grupo de cinco consejos —98, 99, 100, 101 y 103— que constituyen una pequeña suma de inspiración tacitista sobre el arte de sobrevivir a un tirano. La consideración de Guicciardini tiene una clara matriz biográfica y no puede entenderse al margen de su experiencia personal como miembro de la oligarquía florentina al servicio del poder de los Medici. Esta relación procuró a Guicciardini grandes beneficios y honores, pero no siempre fue pacífica, ni estuvo exenta de tensiones. En este punto, el concepto de «sabio», tal y como lo utiliza Guicciardini, no se refiere a la persona que se distingue por sus conocimientos en una materia, sino que se trata de un término utilizado en el lenguaje político florentino de la época para referirse al grupo de los optimates de la ciudad (Cfr. Varotti 2016).

99

Ante un tirano prudente, mientras no me tenga por enemigo, preferiría ser considerado como animoso tranquilo antes que tímido, porque en ese caso trata de contentarte, mientras que con el otro se siente más seguro.

* * *

En coherencia con el razonamiento que se sigue de 98 Guicciardini advierte que la lógica de poder del tirano prefiere entre todos los colaboradores a los sabios temerosos; después a los animosos pero tranquilos; mientras que en último lugar figuran aquellos de los que el tirano sospecha que pueden ser una potencial amenaza para su posición: los animosos pero inquietos. Por el contrario, desde el punto de vista de quien colabora con el tirano la posición más ventajosa es la del animoso tranquilo, pues es la disposición de ánimo que mayores beneficios permite conseguir del tirano (Cfr. Varotti 2016).

De un tirano es mejor ser su amigo, hasta cierto punto, que formar parte del círculo más estrecho de sus colaboradores. Pues así, si eres un hombre que goza de su estima también disfrutarás de su grandeza —alguna vez, incluso, más que ese otro a quien se siente más unido—, mientras que en la hora de su ruina puedes esperar salvarte.

* * *

Advertencia que constituye una regla de oro para la supervivencia de quien colabora con el gobierno de un tirano. Guicciardini razona en este punto inspirado por un criterio de utilidad, es decir, guiado por la racionalidad del hombre de Estado que pondera la adhesión a un tipo de poder no en función de ideales políticos, sino del interés personal o la oportunidad. La receta que ofrece Guicciardini es poner ciertos límites a la asociación con el tirano. Aconseja construir un tipo de «amistad» —léase, un espacio de acción de reconocida autonomía en su círculo del poder— que permita al colaborador gozar de los beneficios y de la grandeza del régimen. Pero aconseja, al mismo tiempo, someter esta «amistad» a un sentido del límite y evitar la identificación plena con el poder del tirano, pues cuando llegue su ruina el colaborador correrá la misma suerte. Vale la pena notar que el consejo de Guicciardini tiene el valor de la experiencia de quien representa la posición del patriciado florentino dedicada al servicio del Estado, que acumuló cargos y responsabilidades con gobiernos de distinto signo, populares y oligárquicos.

No hay regla ni medicina que valga para salvarse de un tirano cruel y brutal, salvo aquella que se utiliza con la peste: huir lo más lejos y lo más rápido posible.

*   *   *

En opinión de Carlo Varotti este consejo está inspirado en la *Vida de Agrícola* de Tácito. Leído a modo de manual de prudencia aristocrática, Guicciardini podría estar rememorando el célebre pasaje de la obra de Tácito en el que Agrícola renuncia a todo cargo político para disfrutar del retiro y del ocio a sabiendas de las circunstancias que reinaban bajo el dominio de Nerón, de donde nace el adagio *inertia pro sapientia fuit* [«la inactividad era la única sabiduría posible»].

Quien se encuentra asediado y espera socorro exagera sus necesidades; quien no lo espera, no teniendo a su disposición otra estrategia que agotar al enemigo y quitarle toda esperanza de vencer, las oculta y las hace saber menores.

* * *

Consejo con vocación de regla general en el que Guicciardini pone de manifiesto la utilidad del arte de simular y disimular, en este caso, de hacer correr noticias falsas sobre la propia condición de asediado, en materia de política militar. Dado que este texto no comparece en los *Ricordi* hasta la redacción C de 1530, la reflexión parece vinculada a la experiencia de Guicciardini como lugarteniente general del ejército de la Iglesia en el papado de Clemente VII. En este sentido, Giorgio Masi (Cfr. 1994) ha identificado la presencia de este consejo en el pasaje de la *Storia d'Italia* en el que Guicciardini relata las acciones de Francesco II Sforza para desgastar a las tropas de Carlos V que asediaron el ducado de Milán en 1526 y evitar la rendición sin condiciones (XVII, 1): «y si bien se creía que, como es costumbre en quien está asediado, daba a conocer mayor estrechez de la que en realidad sufría, no es menos cierto que había muchos indicios de que les queda poco para sobrevivir» (1981, Vol. III, 1623).

El tirano hace todo lo que está en su mano para descubrir los secretos de tu corazón, te muestra su afecto, conversa largamente contigo, te observa a través de quienes se convierten en tus confidentes por orden suya y de cuyas redes es difícil escapar. Por tanto, si no quieres que descubra lo que piensas no bajes nunca la guardia y guárdate con suma industria de todo aquello que pueda delatarte, poniendo tanto celo en no dejarte descubrir como pone él en conocer lo que piensas.

* * *

Consideración sobre el arte de sobrevivir a una tiranía, en la que la vida civil y política no dependen tanto de la regularidad de las leyes como de los humores del tirano. Guicciardini advierte que una de las lógicas de acción de la tiranía —aquella que persigue la supervivencia de su propio poder— lleva al tirano a desplegar mecanismos de vigilancia y supervisión para saber con qué afectos puede contar y quién puede ser útil a su grandeza. Se trata, en definitiva, de una advertencia que adelanta uno de los motivos centrales del tacitismo barroco: la atmósfera de sospecha que preside los círculos cortesanos y las obligaciones que esta circunstancia impone a quien quiere sobrevivir al tirano. Guicciardini desarrolla este pensamiento en su *Oratio accusatoria* cuando explica el *modus operandi* de Lorenzo de Medici, duque de Urbino: «la primera cosa que desea y que busca un tirano en su ciudadano es conocer si ama y apoya su poder, y busca con toda diligencia y por medio de todo artificio esclarecer y descubrir si tiene este ánimo o no; y es razonable, porque siendo su primer fundamento, su primer objetivo, conservar su tiranía es necesario que estos sean sus primeros pensamientos, su primera preocupación» (1970, Vol. I, 542).

De los hombres se alaba mucho, y resulta grato a todos, que sean de naturaleza franca y leal, como se dice en Florencia, «sinceros». En cambio, se censura con dureza y se tiene por odiosa la simulación. No obstante, esta resulta mucho más útil a uno mismo, mientras que aquella cualidad beneficia antes a otros. Pero dado que nadie puede negar su belleza, yo elogio a quien haga del ser franco y sincero conducta de vida ordinaria, dejando la simulación para las circunstancias verdaderamente importantes, que suceden raramente. De este modo adquiriréis reputación de franco y auténtico, atrayéndoos el favor del que goza quien es tenido de tal naturaleza. Y aún con todo, en las ocasiones más importantes encontrarás utilidad en la simulación, tanto más en cuanto que la fama de no ser simulador hará más fácilmente creíbles tus artes.

* * *

Los moralistas clásicos rechazaron la simulación como una suerte de fraude ajeno a la naturaleza humana. Cicerón en *Sobre los deberes* decía (I, 42): «Causándose la injuria de dos maneras, esto es, por la violencia y por el fraude, el fraude parece propio de la zorra, la violencia del león; ambos son sumamente ajenos al hombre, pero el fraude es mucho más odioso. No hay género de injusticia peor que la de quienes en el preciso momento en que están engañando simulan ser hombres de bien» (2015, 97). El consejo de Guicciardini, siempre con la vista puesta en la utilidad de las cosas, relativiza la condena ciceroniana de la simulación. Para nuestro autor el arte de la simulación tiene más poder cuando quien la pone en práctica tiene fama de «franco y sincero». De este modo, la utilidad de ser «franco y sincero» no solo reside en la bondad intrínseca de esa condición, sino en que permite no serlo con mayor eficacia cuando las circunstancias lo requieren.

A pesar de la fama de simulador o impostor que uno tenga, se ve que aun así sus engaños encuentran crédito de vez en cuando. Parece extraño decirlo, pero es muy cierto. Traigo a colación al rey Católico, cuya fama de simulador era superior a la de cualquier otro, y sin embargo no faltaba quien concediese a sus manejos más crédito que el debido. Lo que no puede venir sino de la ingenuidad o de la codicia de los hombres: estos por creer fácilmente en aquello que desean, aquellos por ignorancia.

* * *

Advertencia que puede leerse como culminación lógica del consejo anterior y que toma a Fernando el Católico como ejemplo. El personaje, por quien Guicciardini no esconde su admiración, es descrito en toda su obra como el príncipe que supo llevar el arte de la simulación a su máxima expresión y eficacia política. El consejo, que abunda en el gusto de Guicciardini por las lecciones que se extraen de las paradojas, advierte que si el engaño es útil a los príncipes es debido a la naturaleza de los hombres: siempre hay quien se deja engañar, ya sea por ignorancia o por codicia. Esta idea remite al célebre pasaje de *El Príncipe* en el que Maquiavelo recuerda que «los hombres son tan simples y se someten hasta tal punto a las necesidades presentes, que el que engaña encontrará siempre quien se deje engañar» (2023, 120).

No hay cosa más difícil en el ámbito de nuestra vida civil que casar convenientemente a las hijas. Lo que procede de que los hombres, teniéndose en mayor consideración de la que merecen al resto, piensan en poder alcanzar una posición superior a la que están llamados. De ahí que no pocas veces haya visto rechazar partidos que, de haberlo meditado mejor, habrían aceptado cual bendición. Por tanto, resulta necesario medir bien las condiciones propias y ajenas, tanto como para no dejarse llevar por una consideración excesiva de sí mismo. Yo esto lo sé bien, aunque no sé si sabré ponerlo en práctica, ni si caeré en el error casi común de pretender más de lo debido. Pero que este consejo no sirva al desaliento tanto que, como Francesco Vettori, se entreguen las hijas al primero que las pide.

* * *

Guicciardini fue padre de siete hijas, cuatro de las cuales fallecieron a temprana edad. De las tribulaciones de nuestro autor por casar a sus hijas con exponentes de las principales familias florentinas da buena cuenta la relación epistolar con Maquiavelo. En una carta fechada el 17 de agosto de 1525, el autor de *El Príncipe* informa de los acercamientos realizados a los cabezas de familia de los Capponi y los Strozzi para sondear su predisposición hacia las hijas de Guicciardini. En la carta Maquiavelo relata con detalle el diálogo tenido con Lorenzo Strozzi en un paseo que lleva a los dos protagonistas hasta la puerta de la Santissima Annunziata. Su relato pone de manifiesto las duras negociaciones a las que estaban sujetos los matrimonios entre miembros de las principales familias florentinas: «*Et breviter*, le pregunté qué ánimo era el suyo sobre el dar mujer a su hijo. Él me respondió, tras alguna ceremonia, que le parecía que las cosas habían llegado a tal punto que estos jóvenes tienen por vergüenza no recibir una dote extraordinaria, y que no creía que estuviese en su poder de reconducir a su hijo a lo ordinario». Maquiavelo relata la ironía con la que Strozzi recibió su parlamento sobre la condición y ventajas de las hijas de Guicciardini «Por lo cual finalmente concluyó que si el Magnífico quisiera por mujer a una florentina, mal consejo sería el suyo si no la tomase de vuestra casa». El diálogo entre ambos concluye como sigue, según Maquiavelo: «Y como durante este razonamiento llegamos al convento de los Siervos, yo me detuve en la puerta y le dije:«Quiero deciros esta última frase en un lugar memorable, para que la recordéis: "quiera Dios que no tengáis que arrepentiros, y que no tenga vuestro hijo que sentirse poco obligado con vos por ello"». A lo que respondió [Strozzi]: «En el nombre de Dios, esta es la primera vez que hablamos de eso, debemos hablar todos los días"» (Maquiavelo 2013, 286).

Lo deseable es no nacer súbdito. No obstante, si se ha de serlo, es mejor de un príncipe que de una república. Pues la república oprime a todos los súbditos y no permite participar de su grandeza más que a sus ciudadanos. El príncipe, por el contrario, es el mismo para todos y tiene igualmente por súbditos a unos y a otros, por lo que cualquiera puede esperar ser beneficiado y ser puesto a su servicio.

* * *

Reflexión sobre las formas de gobierno y los tipos de dominación que se incorpora en la redacción C de 1530. Esta idea encuentra su desarrollo teórico en las *Considerazioni* y en particular en el comentario que Guicciardini dedica al capítulo (I, 12) de los *Discursos* en el que Maquiavelo, en una reflexión general sobre el papel de la religión en la política italiana, culpa a la Iglesia de la desunión de los italianos: «Y realmente un país no puede estar unido y feliz si no se somete todo él a la obediencia de una república o un príncipe, como ha sucedido en Francia y en España. Y la causa de que Italia no haya llegado a la misma situación, y de que no haya en ella una república o un príncipe que gobierne, es solamente la Iglesia» (2024, 82-83). Guicciardini, escéptico ante la posición unitaria que defiende Maquiavelo, comenta: «No sabría decir si el hecho de no haberse convertido en un monarquía ha sido fuente de felicidad o infelicidad, pues si una república podría gloria para el nombre de Italia y felicidad para la ciudad que la dominase, para las demás sería una calamidad, pues oprimidas a su sombra, no tendrían el poder de alcanzar ninguna grandeza, siendo costumbre que las repúblicas no hagan partícipe de su libertad e imperio a otros que no sean sus propios ciudadanos» (1970, Vol. I, 630).

No hay hombre tan sabio que no cometa errores alguna vez. Pero la buena suerte de los hombres consiste en lo siguiente: en cometer los menos posibles o en cosas que no importan demasiado.

* * *

La advertencia de Guicciardini recuerda la condición trágica del hombre de Estado, obligado a tomar decisiones contando con las limitaciones de la razón humana para enfrentarse a la imprevisibilidad de las «cosas del mundo». En este sentido, la advertencia remite al proverbio ciceroniano *errare humanum est.*: «Errar es propio de cualquier hombre, pero solo del ignorante perseverar en el error» de las *Filípicas* (XII, 5). Sin embargo, Guicciardini lo matiza desde una posición escéptica ante el poder de la razón para sobreponerse a los accidentes de la vida. Ni siquiera el sabio está libre de incurrir en el error, luego ser afortunado solo puede consistir en saber limitar los efectos: que las consecuencias del errar no sean graves.

No es el fruto de la libertad, ni el fin para el que fue instituida, que todos gobiernen —pues no debe gobernar más que quien es capaz y lo amerita—, sino la observancia de las buenas leyes y los buenos ordenamientos, los cuales están más seguros en un régimen de libertad que bajo la potestad de uno o de pocos. Y este es el malentendido que atormenta a nuestra ciudad, pues a los hombres no les basta con ser libres y estar seguros, sino que no se dan por satisfechos si no gobiernan.

* * *

Advertencia que desgrana a la perfección elementos clave del elitismo que caracteriza el republicanismo de Guicciardini, quien en todas sus obras abogará por un tipo de gobierno mixto orientado a evitar los excesos de las formas puras de gobierno. La libertad, la condición de Florencia como república libre, se sirve mejor cuando son los más aptos, aquellos que atesoran conocimientos y experiencia en materia de Estado, quienes son elegidos por las instituciones que representan al pueblo para ocupar las más altas magistraturas. En este sentido, para Guicciardini la libertad se identifica antes con el orden y la estabilidad que se siguen del cumplimiento y observancia de las leyes que con un ideal de autogobierno colectivo, entendido este en un sentido radical: como la participación de todos los ciudadanos, sin distinción de rango y categoría, en las tareas de gobierno. De otra parte, la idea final «no se dan por satisfechos si no gobiernan» recuerda con fuerza al pasaje de *La república* de Platón, del que nace la metáfora de la nave como Estado (488b): «los marineros están en reyerta unos con otros por llevar el timón, creyendo cada uno de ellos que debe regirlo sin haber aprendido jamás el arte del timonel ni poder señalar quién fue su maestro ni el tiempo en que lo estudió, antes bien, aseguran que no es cosa de estudio y, lo que es más, se muestran dispuestos a hacer pedazos al que diga que lo es» (2024, 403-404).

¡Cuánto se engañan aquellos que sacan a colación a los romanos en cada ocasión! Haría falta tener una ciudad organizada a su manera y después gobernarse según su ejemplo. Lo que resulta descabellado para quien no tiene las mismas características, tanto como querer que un asno haga las veces de un caballo.

* * *

Como señala Varotti (Cfr. 2016) este consejo constituye uno de los ejemplos más acabados de la posición polémica de Guicciardini frente a la idea de Historia como *magistra vitae*. Vale la pena subrayar, en todo caso, que el empirismo guicciardiniano no niega el poder de la Historia como generadora de conocimiento útil, sino que se resuelve en una posición polémica frente a un tipo de humanismo que asumía la correspondencia entre pasado y presente de manera acrítica. El hecho de que este consejo no comparezca hasta la versión C de los *Ricordi* (1530) invita a pensar que Guicciardini pudo madurarlo al calor de la lectura crítica de los *Discorsi* de Maquiavelo que realiza ese mismo año en Roma, mientras Florencia sufre el sitio de los ejércitos imperiales de Carlos V. Fruto de esta lectura nacen sus *Considerazioni sui «Discorsi» del Machiavelli* en los que polemiza con el gusto de su amigo florentino por los ejemplos traídos de la historia de la antigua Roma.

El vulgo critica a los jurisconsultos por la variedad de opiniones que sostienen, pero no repara en que tal variedad no procede de un defecto de los hombres, sino de la propia naturaleza de la materia. La cual, no pudiendo comprender todos los casos particulares a través de reglas generales, dado que a menudo los casos no se encuentran recogidos de forma concluyente en la ley, hace necesario conjeturar valiéndose de las opiniones de los hombres, que no van todas en el mismo sentido. Vemos que ocurre lo mismo con los médicos, los filósofos, las controversias comerciales y los discursos de quienes gobiernan los Estados, entre los cuales no falta la variedad de juicio que existe entre los hombres de leyes.

* * *

Consejo que ejemplifica a la perfección la preocupación de naturaleza metodológica que muestra Guicciardini por distinguir y articular regla y excepción, factores generales y particulares, elementos estructurales y circunstanciales, a la hora de construir un juicio (Cfr. Varotti 2016). Dado que el consejo no tiene precedentes y se incorpora a la colección en la redacción C de 1530, que es contemporánea a la lectura y comentario crítico que Guicciardini hace de los *Discursos* de Maquiavelo, Palumbo (Cfr. 2023) ha sugerido que la alusión a los «jurisconsultos» remite, desde una lectura crítica, al Proemio del Libro I de los *Discursos* en el que Maquiavelo invita a considerar el «ejemplo de los antiguos» cuando se trata de «ordenar la república»: «porque las leyes civiles no son otra cosa que sentencias dadas por los antiguos jurisconsultos, las cuales, recogidas en códigos, enseñan a juzgar a nuestros jurisconsultos actuales. Ni tampoco la medicina es otra cosa sino las experiencias hechas por los antiguos médicos, sobre las que fundan los actuales sus juicios» (2024, 32).

Decía micer Antonio de Venafro y decía bien: «Pon a seis u ocho sabios juntos, se convertirán en otros tantos locos». Pues no poniéndose de acuerdo, terminarán antes enredados en disputas que alumbrando soluciones.

* * *

Antonio de Venafro (1459-1530) fue profesor de Derecho y consejero de Pandolfo Petrucci, señor de la ciudad de Siena. También es citado por Maquiavelo de forma elogiosa en el capítulo que dedica a la figura del secretario en *El Príncipe*: «No había nadie que conociese a *messer* Antonio de Venafro y supiera que era ministro de Pandolfo Petrucci, príncipe de Siena, y no pensara al mismo tiempo que Pandolfo era un hombre de extraordinaria capacidad, puesto que lo había hecho su ministro» (2023, 145).

Quien cree que la ley deja alguna vez algo al arbitrio del juez —léase, a su libre voluntad— se equivoca, pues nunca lo convierte en dueño de dar o quitar. Porque hay algunos casos en los que la ley no ha podido determinar con una regla cierta que se someten al arbitrio del juez. A saber, que el juez, consideradas todas las circunstancias y la naturaleza del caso, determina lo que le parece con arreglo a la sindéresis y su conciencia. De lo que se sigue que, si bien la sentencia del juez no puede someterse al juicio de los hombres, sí se someterá al juicio de Dios, quien conoce si ha juzgado o hecho merced.

* * *

Reflexión sobre los límites de la arbitrariedad de los jueces en la aplicación de la ley que remite al interés general de Guicciardini por el mundo de la ciencia jurídica y que apunta, en última instancia, a la responsabilidad moral del juez ante Dios. El concepto de «sindéresis» que Guicciardini utiliza como sinónimo «discreción» o «buen juicio» es un concepto clave de la tradición de la filosofía escolástica que en Santo Tomás remite a la idea de «razón natural» o facultad innata del hombre para distinguir los principios fundamentales de la moral y juzgar rectamente (Cfr. Masi 1994).

Hay quienes al hilo de las cosas que suceden hacen discursos *in scriptis* de futuro. Los cuales, cuando salen de la mano de quien tiene arte, parecen muy bellos a quien los lee. Sin embargo, son del todo falsos. Pues al depender sucesivamente cada conclusión de la anterior, resulta suficiente que falle una para hacer vanas todas las que se deducen de ella. Y la variación de cualquier mínimo detalle puede hacer cambiar una conclusión. De aquí que las cosas del mundo no se puedan juzgar con tal antelación, sino que se impone juzgarlas y resolverlas al día.

* * *

En el pensamiento de Guicciardini la idea de la imprevisibilidad de las «cosas del mundo» está asociada a su escepticismo ante la capacidad de la razón humana para prever o anticipar el futuro. La posición de Guicciardini se apoya en una visión de la historia como escenario de realidades sujetas al capricho de la fortuna, donde la variación de cualquier detalle o circunstancia puede cambiar radicalmente el sentido del desarrollo de las cosas. De aquí su concepción del arte del gobierno como una actividad prudencial que procede resolviendo los problemas «giornata per giornata». Sobre todo, sin dejarse engañar por el brillo de modelos decisionales que presumen de anticipar el futuro a costa de reducir la realidad a un número cerrado de posibilidades y sus relaciones lógicas.

Encuentro en ciertos cuadernillos escritos antes de 1457 que un ciudadano sabio ya dijo: «O Florencia deshace el Monte o el Monte deshará Florencia». Consideró muy bien que era necesario o que la ciudad limitase su peso o que este se multiplicaría de tal manera hasta hacer imposible su administración. Sin embargo, ha gozado de larga vida antes de que diese lugar al desorden y, en efecto, su evolución ha sido más lenta de lo que él siquiera pudo imaginar.

* * *

El Monte fue una institución creada a mitades del siglo XIV para la gestión de la deuda pública de Florencia. Garantizaba un interés anual del 5% a los ciudadanos que prestaban dinero a la ciudad, no obstante en tiempos de falta de liquidez el Estado llegó a ofrecer hasta el triple respecto a la tasa nominal original. Guicciardini fue oficial del Monte al menos en dos ocasiones en la década de 1530, razón por la cual conoció de primera mano la incapacidad crónica de los gobiernos de Florencia para solucionar el problema de la deuda pública a través del Monte. El consejo, si bien apunta a una reflexión de carácter económico, remite en última instancia a un problema típicamente guicciardiniano: la incapacidad humana para prever los tiempos en los que se resuelve la parábola de crecimiento y declive a la que están sometidos los organismos públicos (Cfr. Varotti 2016; Palumbo 2023). Masi ha sugerido que el «ciudadano sabio» al que hace referencia Guicciardini es Neri di Gino Capponi, autor de *Commentari di cose seguite in Italia fra il 1419 e il 1456* que fueron fuente de inspiración tanto para las *Cose fiorentine* de Guicciardini, como para las *Istorie fiorentine* de Maquiavelo (Cfr. 1994).

Quienes gobiernan Estados no deben asustarse por los peligros que se presentan, así parezcan grandes, próximos y reales. Pues, como dice el proverbio, «el diablo no es tan malo como se pinta». A menudo los peligros se resuelven gracias al concurso de accidentes imprevistos e incluso cuando los males llegan, se les encuentra algún remedio y algún lenitivo que ni siquiera se imaginaba. Considerad bien este consejo, pues se constata cada día.

* * *

Para Guicciardini la variedad de los accidentes a los que está sometida la realidad —es decir, a los hechos fortuitos que tienen la fuerza de alterar el orden de las cosas— pueden tener un efecto tanto negativo como positivo. Si, en general, en los *Ricordi* predominan los consejos que advierten sobre el poder de los accidentes para deshacer o desbaratar los planes de los gobernantes, el presente enfatiza que el mismo poder para alterar el orden de las cosas puede resultar beneficioso cuando se trata de salir o de sobreponerse a una circunstancia adversa (Cfr. Palumbo 2023). El consejo de Guicciardini, en definitiva, asume una posición propia del estoicismo: el hombre de Estado nunca debe perder la calma ni la esperanza cuando se encuentra en una situación hostil, pues la misma lógica de la razón que invita a considerar que una circunstancia feliz nunca es definitiva hace que una situación adversa tampoco deba ser considerada irrevocable.

Resulta del todo falaz juzgar por medio de ejemplos. Pues si no resultan similares en todo y por todo no sirven, desde el momento en el que la más mínima diferencia en el caso puede ser causa de una grandísima variación en el resultado. Y saber discernir tales variaciones, cuando son pequeñas, requiere de un ojo bueno y perspicaz.

* * *

Este consejo completa junto a 6 y 110 la posición crítica de Guicciardini frente al tipo de humanismo que practicaba la idea de Historia como «magistra vitae» a modo de analogía o correspondencia directa entre el presente y un pasado mitificado. Para Guicciardini la ejemplaridad de los antiguos sigue siendo válida, pero para que la lección del pasado sea útil al presente exige un ejercicio hermenéutico apoyado en un «buen ojo»: en la capacidad para discernir dentro de la variedad de las circunstancias los elementos que realmente permiten establecer una relación de correspondencia de orden lógico entre el pasado y el presente con el objetivo de conjeturar, de manera eficaz y realista, soluciones para gobernar los accidentes del presente. Nótese, en este punto, que el propio Maquiavelo, en su célebre dedicatoria de *El Príncipe*, ya apuntaba a la necesidad de combinar «la larga experiencia de las cosas modernas y una continua lectura de las antiguas» para producir conocimiento útil al servicio de la política.

A quien tiene en gran estima el honor le va bien en todo, porque no mira ni a las fatigas, ni los peligros, ni el dinero. Lo he comprobado por mí mismo, por eso lo puedo decir y escribir: las acciones de los hombres que no responden a tan ardiente estímulo están muertas y resultan vanas.

* * *

Guicciardini, sensible al valor de la utilidad en sus razonamientos sobre la vida pública, acostumbra a sus lectores a la consideración del «honor» como un capital que facilita la obtención de beneficio o ventaja en las relaciones sociales. No obstante, este consejo permite a Guicciardini cambiar de registro y sumarse a una concepción del honor, entendido como la razón de ser de las acciones del hombre público, que participa de la celebración que la cultura renacentista hace de la gloria como el premio que la vida ofrece a quien aspira a la grandeza y se conduce de forma virtuosa. En este sentido, la idea del «honor» que sostiene Guicciardini es un ejemplo perfecto del modo en el que su pensamiento ético-político trata de armonizar, de manera coherente, lo bueno y lo útil.

119

Los documentos se falsifican rara vez en el momento de su redacción, sucede más bien después, con el paso del tiempo, en función de la ocasión o la necesidad. Luego, resulta un buen expediente de defensa, en cuanto se realiza el acta o la escritura, procurarse una copia y mantenerla a buen recaudo.

* * *

Advertencia que nace fruto de la experiencia del hombre de Estado que ha sido embajador de la República de Florencia en España y funcionario laico del Estado de la Iglesia, y que identifica la falsificación de documentos públicos como una de las prácticas más comunes que se utilizan para atacar o dañar la ejecutoria de terceros en el gobierno. Consejo que remite, en última instancia, al pesimismo antropológico que caracteriza a Guicciardini y que pone de manifiesto su convicción de que los hombres recurren a todas las artes, así sea dañar la reputación o el honor de terceros a través de la falsificación de documentos, para satisfacer su interés particular.

La mayor parte de los males que afligen a las ciudades divididas en facciones tienen su origen en la sospecha, dado que los hombres, cuando dudan de la lealtad de unos y otros, se ven obligados a prevenir. De aquí que quien les gobierna deba tener como primer objetivo erradicar cuanto antes toda sospecha.

* * *

Aviso que remite a la experiencia de Guicciardini como gobernador de Modena, Reggio Emilia y presidente de la Romagna, territorios atravesados por cruentas luchas de partidos y facciones, en las que tuvo que emplearse a fondo para mantener el orden público en el territorio del Estado de la Iglesia. En su *Oratio defensoria* Guicciardini describía Modena como «una ciudad repleta de facciones, llena de sangre, devastada para todo el mundo». A juicio de Guicciardini, la mejor manera de erradicar la sospecha natural de las facciones hacia el poder era a través de una administración justa y eficaz, capaz de sobreponerse a los intereses de las partes y dispuesta a recurrir a medidas extraordinarias si fuese necesario para mantener intacta la autoridad del gobierno. En una carta dirigida a Lorenzo de Medici el 20 de junio de 1516, un mes después de ser nombrado gobernador de Modena por León X, Guicciardini se refería como sigue al ambiente de la ciudad: «Ayer después vinieron a mí estos primeros y otros muchos, y todos tienen buenas palabras a la hora de mostrar su voluntad de observar la paz alcanzada y el deseo de que prevalezca la justicia [...]. Sin embargo, encuentro su ánimo revuelto y dominado por la sospecha y creo, todavía, con mala disposición; tal es así que creo que en cualquier pequeña ocasión que se les presentase volverían a los términos de antes» (Guicciardini 2022, 63).

121

No fíes la suerte de una revuelta a la esperanza de ser seguido por el pueblo, porque es un fundamento peligroso. Pues carece del ánimo para secundar y a menudo sus deseos son distintos a los que crees. Tened presente el ejemplo de Bruto y Casio quienes, asesinado César, no solo no fueron seguidos por el pueblo como habían presupuesto, sino que por miedo al mismo se vieron forzados a retirarse al Capitolio.

* * *

Consejo que sirve a Guicciardini para renovar su desconfianza hacia el pueblo como actor político. La idea de que el pueblo es un «fundamento peligroso» recuerda en el fondo y en la forma, más en sentido contrario, al consejo de carácter filopopular que Maquiavelo ofrece en capítulo IX de *El Príncipe* para rebatir el proverbio «quien construye sobre el pueblo, construye sobre el barro»: «Pero si quien se apoya en el pueblo es un príncipe capaz y valeroso, que no se arredra ante las adversidades, ni omite las otras formas convenientes de defensa, que con su ánimo y sus instituciones mantiene a toda la población ansiosa de actuar, tal príncipe jamás se encontrará engañado por él [pueblo] y comprobará que ha construido sólidos fundamentos para su mantenimiento» (2023, 87-88).

Mirad hasta qué punto se engañan los hombres a sí mismos: cada uno reputa feos y graves los pecados que no comete, leves los que comete. Y con esa regla se mide comúnmente el bien y el mal, en vez de considerar la medida y naturaleza de las cosas.

* * *

Se trata de un consejo de evidente matriz bíblica —como ha hecho notar Pasquini (Cfr. 2023)— que evoca la parábola de la viga en el ojo ajeno del Sermón de la Montaña (Mateo 7: 3-5). No obstante, la advertencia de Guicciardini no se agota en la denuncia de la hipocresía en clave ético-religiosa. Su objetivo es más ambicioso. Aspira a recordar a sus lectores que los hombres, por regla general, obran apoyándose en una idea elástica del bien y de mal. A saber, en una concepción del bien y el mal que no se ajusta a criterios morales objetivos, sino que se adapta en cada circunstancia a la medida de sus intereses para perseguir sus objetivos con mayor eficacia (Cfr. Varotti 2016).

Creo de buen grado que en todas las épocas los hombres han tenido por milagros muchas cosas que distaban de serlo. Pero esto es absolutamente cierto: que cada religión ha tenido sus milagros, de modo que el milagro es una prueba débil de la verdad de una fe sobre otra. Quizás los milagros son una buena muestra del poder de Dios, pero no más en el caso de los gentiles que en el de los cristianos. Y no sería pecado afirmar que estos, así como las profecías, son secretos de la naturaleza cuya razón escapa a la inteligencia de los hombres.

* * *

Los *ricordi* 123, 124 y 125 pueden leerse como un tríptico sobre la religión que expresa el particular escepticismo de Guicciardini sobre la materia. Lejos del ateísmo, pues Guicciardini fue un hombre sinceramente religioso toda su vida, su pensamiento refleja la posición filosófica de quien sin negar la existencia de Dios afirma la imposibilidad de la razón humana para conocer su naturaleza y su voluntad, que pertenecen a lo inefable o indecible. Se trata de un principio que determina la relación entre política y religión en toda su obra, hasta la monumental *Storia d'Italia*: «No sé cuál es la voluntad de Dios, ni creo que lo sepan los demás; porque como es común decir sus juicios son ocultos y profundos» (1981, Vol. III, 1552-1553).

He observado que en cada nación y casi en cada ciudad hay cultos que producen los mismos resultados. En Florencia, Santa María Impruneta convoca la lluvia y el buen tiempo, mientras que en otros lugares he visto a vírgenes y santos servir al mismo propósito. Signo manifiesto de que la gracia de Dios socorre a todos y quizás de que estas cosas son causadas antes por la opinión de los hombres que porque en realidad se observe algún resultado.

* * *

La basílica de Santa María de la Impruneta, que data del siglo XI y conserva una imagen de la virgen del siglo XIII, es el principal centro de culto mariano de la Toscana. En la obra de Guicciardini tiene un lugar especial porque una peregrinación a este santuario, ubicado a las afueras de Florencia, es el pretexto que reúne a los protagonistas que darán vida al *Dialogo del reggimento di Firenze*. La reflexión de Guicciardini apunta hacia la comprensión de la religión, en particular de los cultos y ritos populares, como un fenómeno que satisface necesidades comunitarias —como la cohesión social o la provisión de sentido colectivo— al margen del debate sobre de su contenido de verdad. Véase su sintonía con el siguiente paso de los *Discursos* de Maquiavelo (I, 12): «Y deben favorecer y acrecentar todas las cosas que sean beneficiosas para ella, aunque las juzguen falsas, y precisamente pondrán más cuidado en hacerlo cuanto más prudentes y versados en las ciencias de la naturaleza sean. Pues este ha sido el proceder de los sabios y de aquí nació la autoridad de los milagros que se celebran en las religiones, aunque sean falsos, pues los prudentes los magnifican, vengan de donde vengan y con su autoridad los hacen dignos de crédito para cualquiera» (2024, 81).

125

Los filósofos, los teólogos y todos aquellos que escrutan los fenómenos sobrenaturales o invisibles dicen mil tonterías: porque en realidad los hombres viven en la oscuridad de las cosas y una indagación de esta naturaleza sirve antes al propósito de ejercitar el ingenio que al de encontrar la verdad.

* * *

Consideración que cierra el tríptico guicciardiniano sobre la religión y que lleva al extremo su escepticismo epistemológico: la filosofía y la teología son condenados como discursos insustanciales o vaniloquios que solo encuentran su utilidad como ejercicio del ingenio, pero nunca como instrumentos que contribuyen a la búsqueda de la verdad. Guicciardini utiliza una expresión muy parecida a «los hombres viven en la oscuridad de las cosas» en una carta dirigida a Maquiavelo del 7 de agosto de 1525: «y creo que andamos todos *en tinieblas* [*in tenebris* en el original], pero con las manos atadas a la espalda, para que no podamos esquivar los golpes» (Maquiavelo 2013, 279).

Sería deseable poder hacer o conducir las cosas hasta su perfección, es decir, de tal modo que estuviesen libres de falla o defecto. No obstante, esto es difícil de llevar a cabo, de modo que es un error ocuparse en exceso en acabarlas pues a menudo las oportunidades se escapan mientras pierdes el tiempo en ello. Pues incluso cuando crees haber conducido las cosas al punto deseado, a menudo caes en la cuenta de no haber conseguido nada, porque la naturaleza de las cosas del mundo es tal que resulta casi imposible encontrar en algún lugar cosa que no sufra desorden o inconveniente. Luego, urge decidirse a tomar las cosas como son y dar por bueno aquello que comporta en sí el menor de los males.

* * *

Consejo en el que Guicciardini invita a considerar la planificación excesiva como una falta de prudencia, aunque parezca una lección paradójica. A priori, la prudencia se asocia con una praxis política cauta y ponderada que busca asegurar los medios y fines que concurren en cada acción. No obstante, tal y como ha señalado Varotti (Cfr. 2016), Guicciardini eleva al rango de ley fundamental de la naturaleza la idea en virtud de la cual las «cosas del mundo» están en perenne movimiento y, por ende, en constante mutación. A la luz de este principio, resulta un comportamiento *contra natura* pretender llevar las cosas al punto de perfección en el que estén a salvo de cualquier defecto o mutación. Esta idea de prudencia entendida como el arte de para tomar partido por la opción que representa el mal menor también puede leerse en *El Príncipe* (XXI): «Que nunca crea un Estado que puede tomar opciones seguras; ha de pensar, por el contrario, que todas las que habrá de tomar serán dudosas, porque el orden de las cosas trae siempre consigo que apenas se trata de evitar un inconveniente cuando ya se ha presentado otro. Ahora bien, la prudencia consiste en saber conocer la naturaleza de los inconvenientes y adoptar el menos malo por bueno» (2023, 143-144).

En la guerra he visto muy a menudo la llegada de noticias que te hacen creer que la empresa ha fracasado; de modo inesperado recibir otras que parece que prometen la victoria, e igual pero en sentido contrario. Y sucede lo mismo muchísimas veces. Por lo cual, un buen capitán ni se abate ni se exalta con facilidad.

* * *

Consejo de matriz estoica que invita al capitán de ejércitos a poner en cuarentena las noticias que recibe sobre el desarrollo de la guerra y no dejarse dominar por las emociones. Pero que aborda, en última instancia, uno de los temas predilectos de Guicciardini: la imprevisibilidad de las «cosas del mundo». En particular, para Guicciardini es en la guerra donde la diosa Fortuna impone su capricho con más fuerza, anulando el poder de la razón humana para prever o anticiparse a los posibles accidentes. Este motivo está presente en toda la obra de Guicciardini, pero alcanza su mayor plenitud en su narración de las batallas en la *Storia d'Italia* como ha apuntado Varotti (Cfr. 2016). La batalla de Fornovo de 1495, la primera gran contienda militar del ciclo de las Guerras de Italia en la que la confusión y el desorden de la guerra hacía imposible vaticinar quién podría ganar, sugiere a Guicciardini la siguiente reflexión: «Grandísima es (como cualquiera sabe) la potestad de la fortuna sobre las acciones humanas, mayor en las cosas militares, pero inestimable, inmensa e infinita en los hechos de armas, donde un mandato mal entendido, una orden mal ejecutada, donde una temeridad, un grito en vano, incluso de un soldado cualquiera, a veces lleva la victoria a quienes parecían vencidos; donde de manera imprevisible suceden innumerables accidentes que el consejo del capitán no puede prever ni gobernar» (1981, Vol. II, 255-256).

En los asuntos de Estado no debe considerarse tanto aquello que según la razón un príncipe debería hacer, como aquello que según su naturaleza o costumbre se puede presumir que hará. Pues los príncipes hacen a menudo no aquello que deberían, sino aquello que saben o les apetece hacer. Y quien se deje guiar por otro criterio cometerá grandes errores.

* * *

En este consejo Guicciardini reelabora una idea central de la tradición del realismo político, que recuerda con fuerza al célebre pasaje del capítulo XV de *El Príncipe* de Maquiavelo: «Muchos se han imaginado republicas y principados que nadie ha visto jamás ni se ha sabido que existieran realmente; porque hay tanta distancia de cómo se vive al cómo se debería vivir, que quien deja a un lado lo que se hace por lo que se debería hacer aprende antes su ruina que su preservación» (2023, 110).

Aquello que, si se hiciese, sería considerado como un mal o una injuria, en caso de no llevarse a cabo no podría, no obstante, ser llamado ni obra buena ni beneficio. Porque entre ofender y beneficiar, entre las obras dignas de elogio y las censurables hay un camino intermedio: como el abstenerse de el mal o el abstenerse de ofender. Por tanto, que no digan los hombres: «yo no hice», «yo no dije». Pues comúnmente lo verdaderamente loable es poder decir: «yo hice», «yo dije».

* * *

Este consejo expresa la preocupación de Guicciardini, en tanto que hombre de Estado que mira por su reputación, por la clasificación ética de las acciones que se inscriben en un territorio intermedio: entre el bien y el mal, entre las acciones que procuran beneficio o su contrario. Se trata, en definitiva, de un elogio de la acción positiva, aquella cuya responsabilidad es atribuible a un hombre por entero, como el único medio que permite conquistar la verdadera loa o alabanza. Mientras que el camino intermedio de la inacción –a saber, el abstenerse de hacer el mal o de ofender– para Guicciardini no alcanza el territorio del bien pues nunca permite, a pesar del resultado, poder decir: «yo hice», «yo dije» (Cfr. Palumbo 2023).

Los príncipes han de guardarse, sobre todo, de aquellos que son de naturaleza insaciable, pues no podrán procurarles el grado de beneficio y satisfacción que garantice su lealtad.

* * *

En *El Cortesano* Castiglione fija la posición clásica de la literatura de corte renacentista sobre la «idea del secretario»: el buen privado o consejero es aquel que se gana la confianza de su señor y utiliza ese crédito para ayudarle a entender la verdad y recorrer el camino de la virtud: «haciéndole gustar la dulzura que hay debajo de aquella poca amargura, que luego al principio se ofrece a quien contrasta los vicios» (2020, 449). El consejo de Guicciardini, más apegado al ser que al deber ser, fija su atención en las condiciones que producen la lealtad de los servidores del príncipe. Maquiavelo —en el capítulo XXII de *El Príncipe*— señala un procedimiento para «conservar fiel a su ministro»: «pensar en él recompensándole con honores, haciéndole rico, vinculándolo a su persona y haciéndole participe de honores y responsabilidades» (2023, 146). El criterio de Guicciardini, escéptico ante la posibilidad de dominar cualquier el tipo de ambición que se ha transformado en avaricia, invita a guardarse de aquellos colaboradores poseídos por una naturaleza insaciable

Hay una gran diferencia entre tener a los súbditos descontentos o tenerlos desesperados. El descontento, si bien desea perjudicarte, no se expone al peligro a la ligera, sino que espera la ocasión, que a veces no llega nunca. Quien está desesperado, por el contrario, busca la ocasión, la instiga y se precipita a participar en cualquier oportunidad y tentativa de hacer caer el gobierno. Del primero debes guardarte en raras ocasiones, del último es necesario hacerlo siempre.

* * *

La advertencia de Guicciardini está orientada a refinar los mecanismos de dominio del príncipe categorizando la peligrosidad de los súbditos con relación a su grado de desafección respecto a su poder. En este punto, no se puede dejar de hacer notar su cercanía al consejo que Maquiavelo ofrece en *El Príncipe*: «Concluyo, por tanto, diciendo que un príncipe debe tener poco temor a las conjuras cuando goza del favor del pueblo; pero si este es enemigo suyo y lo odia, debe temer de cualquier cosa y a todos. Los Estados bien ordenados y los príncipes sabios han buscado con toda su diligencia los medios para no reducir a la desesperación a los nobles y para dar satisfacción al pueblo y tenerlo contento, porque esta es una de las materias y cuestiones más importantes para un príncipe» (2023, 125).

He sido de naturaleza muy franca y enemigo declarado de los rodeos. Luego, quien ha tenido que tratar conmigo solo ha encontrado facilidades. No obstante, he podido comprobar que en toda circunstancia resulta de suma utilidad negociar con ventaja, que en resumen consiste en lo siguiente: no alcanzar de modo inmediato el acuerdo final, sino tomar distancia y dejarse arrastrar poco a poco y con dificultad hasta alcanzarlo. Quien obra así obtiene a menudo más de aquello con lo que se habría contentado; quien negocia como lo he hecho yo, nunca obtiene sino aquello sin lo cual no hubiera cerrado el trato.

* * *

Consejo que presenta dos formas alternativas de conducirse en los negocios y que invita a considerar las ventajas —a saber, la utilidad— de no ser franco a la hora de tratar con los demás. La reflexión de Guicciardini remite al debate ético, de matriz ciceroniana, que denuncia la separación de lo honesto y lo útil. Por ejemplo, en *Sobre los deberes* Cicerón apremiaba a los hombres a «conducir toda opinión a la esperanza de poder conseguir el propio interés sin fraude y sin malicia, con rectitud de opinión y buenas obras» (2015, 172). Véase, en sentido contrario, el elogio que Maquiavelo hace del príncipe que no tiene problema a la hora de conducirse con la fuerza del león o la astucia del zorro: «Esto de tener por preceptor a alguien medio bestia y medio hombre [al centauro Quirón] no quiere decir otra cosa que es necesario a un príncipe saber usar una y otra naturaleza y que la una no dura sin la otra» (2023, 119).

Una muestra de gran prudencia —y poco observada por la mayoría— es saber disimular el resentimiento que guardas hacia otros, siempre que obrar así no te cause daño o infamia. Pues a menudo sucede que esa persona podría serte útil en el futuro, lo que difícilmente podría ocurrir si conoce el rencor que le profesas. No son pocas las veces en las que he tenido que recurrir a personas hacia las cuales estaba mal dispuesto, pero ellos, sin embargo, creyendo lo contrario o cuando menos estando persuadidos de ello, me han servido con diligencia.

* * *

Elogio de la disimulación que ilustra la sensibilidad de Guicciardini hacia la afirmación de un nuevo modelo de comportamiento cortesano basado en la racionalización y el control de las emociones. En la literatura cortesana del Renacimiento —véase, por ejemplo, el caso paradigmático de *El Cortesano* de Castiglione— la disimulación es ensalzada como habilidad práctica que constituye al mismo tiempo un mecanismo de protección y un instrumento que contribuye a civilizar las formas. No obstante, como ha señalado Varotti para Guicciardini saber disimular el resentimiento adquiere la categoría de «muestra de gran prudencia» a la luz del criterio de utilidad: dada la incapacidad humana de prever las situaciones futuras —y, por ende, la posición de los actores que nos rodean— el arte de disimular el resentimiento resulta útil porque abre la puerta a la posibilidad de disponer de la voluntad de terceros en el futuro (Cfr. 2016).

Todos los hombres se inclinan antes hacia el bien que hacia el mal por naturaleza. Y no hay ninguno que, en tanto que alguna cuestión particular no lo mueva en dirección contraria, no hiciese con gusto el bien antes que el mal. Pero la naturaleza humana es tan frágil y son tan frecuentes las ocasiones que invitan a hacer el mal, que los hombres se dejan desviar del bien con facilidad. De aquí que los legisladores sabios ideasen los premios y las penas: que no fueron otra cosa que un intento de mantener a los hombres firmes en su inclinación natural por medio de la esperanza y el temor.

* * *

Advertencia que remite con fuerza al famoso pasaje de los *Discursos* de Maquiavelo (I, 3): «Como demuestran todos los que han meditado sobre la vida política y los ejemplos de que está llena la historia, es necesario que quien dispone una república y ordena sus leyes presuponga que todos los hombres son malos, y que pondrán en práctica sus perversas ideas siempre que se les presente la ocasión de hacerlo libremente» (2024, 45). Vale la pena reparar en este punto que si para Maquiavelo los hombres son malos por naturaleza, para Guicciardini no es la naturaleza humana la causante de que el hombre ceda ante las «ocasiones que invitan a hacer el mal», sino su fragilidad. A pesar de este interesante matiz, en la práctica la antropología de Guicciardini se funde con el pesimismo que caracteriza a los representantes de la tradición del realismo político. De la concepción negativa del hombre se sigue una idea de la política, las instituciones y sus leyes como remedios para salvar a los humanos de su maldad.

Si alguno se encuentra con alguien que se encuentra más inclinado por naturaleza a hacer el mal que el bien, decid sin dudarlo que no es un hombre, sino una bestia o monstruo, pues carece de aquella inclinación que es natural a todos los hombres.

* * *

La definición del hombre que siente una inclinación natural por el mal como bestia o monstruo remite a *Sobre los deberes* de Cicerón, entre otras fuentes clásicas. En función de los principios de la filosofía estoica el «sumo bien» se identifica con vivir conforme a la naturaleza del hombre, es decir, en vivir conforme a la virtud. De modo que quien orilla la virtud como criterio de actuación abandona su naturaleza humana para convertirse en bestia. De aquí la definición que hace Cicerón de la fuerza y el fraude como los atributos del león y de la zorra, es decir, atributos (I, 41) «sumamente ajenos al hombre» (2015, 97).

En algunas ocasiones sucede que los locos son capaces de hacer cosas más grandes que los sabios. La razón estriba en que el sabio, mientras no se ve constreñido por la necesidad, se confía casi por entero a la razón y poco a la fortuna, mientras que el loco se entrega de forma extraordinaria a la fortuna y poco a la razón. Y las cosas que se confían a la fortuna a veces tienen resultados increíbles. Los sabios de Florencia habrían cedido a la tempestad presente; pero los locos, oponiéndose a toda razón, han conseguido hasta el momento lo que nunca se hubiera creído que nuestra ciudad pudiera realizar en modo alguno. Y esto es lo que dice el proverbio: *Audaces fortuna iuvat.*

* * *

El asedio de Florencia por parte del ejército imperial de Carlos V —la «tempestad presente» en curso mientras Guicciardini lleva a cabo la redacción C de los *Ricordi* en Roma— sirve a nuestro autor para volver a retomar la oposición entre «sabiduría» y «locura», expresiones de razón y pasión, prudencia y temeridad, en la vida pública. Nótese, por tanto, que Guicciardini no alude a la «locura» *(pazzia)* como sinónimo de enajenación o desorden mental, sino a la disposición de ánimo que hace a los hombres orillar una actitud prudencial para convertirse en audaces y arrojados —pero también temerarios e imprudentes— y desafiar las previsiones de la razón. Esta máxima puede leerse en conexión con 1 y 147.

Si el daño que resulta del mal gobierno de las cosas fuese advertido de manera inmediata, quien no sabe o se las ingeniaría para aprender o dejaría gobernar voluntariamente a quien supiese más. Pero el problema es que los hombres, y los pueblos sobre todo, no entienden la razón de los desórdenes a causa de su ignorancia y por tanto no los atribuyen al error que los ha producido. Y así las cosas, no reconociendo cuánto mal produce ser gobernado por quien no conoce el arte de gobernar perseveran en el error o de hacer aquello que no saben o de dejarse gobernar por hombres ayunos de conocimientos: de donde proviene a menudo la ruina de la ciudad.

* * *

La desconfianza de Guicciardini hacia el pueblo como actor político es una de las características más representativas de su pensamiento político. Como nos dice en el *Dialogo*: «según las consideraciones con las que ordinariamente se gobiernan las ciudades, quizás sean mayores los errores que comenta el pueblo, pues poner la administración en manos de quien no la amerita es daño público, de donde nacen las fatigas y la ruina de los Estados» (1970, Vol., 349). El republicanismo de Guicciardini se resuelve en un particular elitismo epistemológico: el «arte de gobernar» es una actividad que debería estar reservada a una minoría capaz de acreditar experiencia y conocimiento en materia de Estado. Razón por la cual el pueblo, carente de criterio político, está destinado a llevar el Estado a la ruina si se encuentra con el poder en sus manos.

Ni los locos ni los sabios pueden oponer resistencia a lo que finalmente debe ser. Por eso, jamás he leído cosa que me parezca mejor que la dicha por aquel: *Ducunt volentes fata, nolentes trahunt.*

* * *

Consejo que remite a la doctrina estoica sobre la aceptación serena del destino y que se apoya en una cita de Séneca que corresponde a las *Cartas a Lucilio* (107, 11): «los hados guían al que los acepta y al que se resiste lo arrastran» (Séneca 2018, 630). En opinión de Palumbo (Cfr. 2023) este consejo es utilizado por Guicciardini para recordar que la prudencia significa la aceptación de lo que se impone por su condición necesaria e ineluctable. Por tanto, la prudencia tiene que ver, al menos en una de sus acepciones, con la capacidad de los hombres para armonizar la acción con las circunstancias. En este sentido, los «locos» y los «sabios» serían los dos tipos que aspirarían, por distintas razones —es decir, por la confianza en su conocimiento o por su grado de obstinación— a sobreponerse a la fuerza del destino.

Verdad es que las ciudades son mortales como lo son los hombres. No obstante, hay una diferencia: que los hombres, en tanto que son de materia corruptible, aunque jamás incurriesen en desórdenes, están destinados a desaparecer. Las ciudades, por el contrario, no se pierden por defecto de la materia, la cual siempre se renueva, sino debido a la mala fortuna o administración: a saber, por las malas decisiones de quien gobierna. A decir verdad, que padezca por mala fortuna es rarísimo, toda vez que, siendo una ciudad un cuerpo robusto y de gran resistencia, sería necesaria una violencia extraordinaria e impetuosa para derribarla. Casi siempre son, por tanto, los errores de quien gobierna la causa de la ruina de la ciudad. Y si una ciudad fuese siempre bien gobernada sería posible que se conservase a perpetuidad. O, cuando menos, gozaría de una vida más larga, sin comparación, de la que no lo es.

* * *

Consejo que pertenece en exclusiva a la redacción C de 1530 y que considera los cuerpos políticos sometidos a la misma ley de decadencia que los cuerpos naturales. Puede leerse a la luz de los *Discursos* de Maquiavelo (III, 1): «Nada hay más cierto que el hecho de que todas las cosas del mundo tienen un final, pero, en general, las que cumplen enteramente el ciclo que les ha sido asignado por los cielos son las que no han desordenado su cuerpo, sino que lo tienen regulado de modo que no se cambia, y, si se altera, es para recibir salud y no daño. Y hablando de cuerpos mixtos como las repúblicas o las sectas, digo que son salutíferas aquellas alteraciones que las reconducen a sus principios» (2024, 341). Al igual que en otros consejos de inspiración naturalista (véase 189), la crítica ha señalado la semejanza de la reflexión guicciardiniana con el siguiente pasaje de inspiración tomista de *La divina comedia* de Dante (Paraíso XVI 76-78): «Si contemplas a Luni y Urbisaglia / cuál se fueron, y cuál sigue su paso / las ciudades de Chiusi y Sinigaglia, / oír de los linajes el fracaso / no te parecerá nuevo ni fuerte, / pues las urbes también tienen su ocaso. / A toda vida aguárdale su muerte, / como a vosotros; pero al ser alguna larga. / la vuestra —corta— no lo advierte» (2012, 516).

Quien dijo pueblo dijo realmente animal demente, lleno de mil errores, de mil confusiones, sin gusto, sin discernimiento, sin estabilidad.

* * *

Este consejo es uno de los ejemplos más acabados de la desconfianza natural de Guicciardini hacia el pueblo como actor político. Lo considera voluble, ayuno de conocimiento y carente de criterio político. Se trata de un juicio severo y negativo que informa su pensamiento político desde primera hora, pero que se intensifica en la etapa final de su vida a la luz de la deriva radical de la última experiencia de gobierno popular florentino (1527-1530). En un texto célebre de las *Considerazioni sui «Discorsi» del Machiavelli* —escritas mientras se produce el sitio de Florencia por parte de las tropas imperiales de Carlos V— Guicciardini salda las cuentas pendientes con el republicanismo de signo popular de su amigo: «allí donde hay multitud hay confusión y entre tanta disonancia de cerebros, —donde hay distintos juicios, distintos pensamientos, diversos fines— no puede haber ni discurso razonable, ni resolución fundada, ni acción firme [...] pero no sin razón la multitud ha sido asimilada a las olas del mar, las cuales van de aquí para allá en función del viento que sopla, sin regla alguna, sin ninguna firmeza. En suma, no puede negarse que el pueblo, por sí mismo, no es más que un arca de ignorancia y confusión» (1970, Vol. I, 655-656).

No os asombréis de que no se conozcan los hechos del pasado, ni siquiera los que tienen lugar en tierras o lugares lejanos, pues bien considerado ni siquiera se conoce la verdad de las cosas del presente, ni de aquellas que suceden a diario en una misma ciudad. Y a menudo entre el palacio y la plaza se alza una niebla densa o un muro tan grueso que el ojo humano no es capaz de penetrar, que tanto sabe el pueblo de lo que hace quien gobierna o de las razones que lo mueven como de las cosas de la India. De aquí que el mundo esté lleno de opiniones erróneas y vanas.

* * *

En este consejo Guicciardini se sirve de la contraposición entre «palacio» y «plaza» —entendidos como símbolos del saber y la ignorancia en materia de gobierno— para dar continuidad a su crítica del pueblo como actor político. Para Guicciardini el saber que simboliza el palacio —que añade al conocimiento exclusivo de la materia los límites a la acción que impone la responsabilidad que conlleva el ejercicio del poder— hace que los motivos que mueven a la clase gobernante sean incomprensibles para el pueblo. Guicciardini desarrolla este razonamiento en sus *Considerazioni* a la luz de la lectura de los *Discursos* de Maquiavelo que realiza en 1530. Precisamente, el consejo se hace eco del pasaje en el que Maquiavelo comenta el origen del proverbio «Esos tienen un ánimo en la plaza y otro en el palacio» (I, 47) que conecta con la experiencia del cambio de opinión en materia de gobierno que sufrían los ciudadanos que pasaban de la plaza al palacio, es decir, de su condición de ciudadanos privados a ocupar cargos públicos tras la expulsión de los Medici en 1494. Guicciardini sentenciará: «No es de extrañar que quien no conocía el detalle de las cosas cambiase de opinión cuando las advirtió y vio con sus propios ojos, y a esto conduce el ejemplo de los florentinos, los cuales no teniendo en las plazas esa noticia, ni conociendo las juicios que después se conocían en palacio, eran presa fácil de una opinión contraria a la verdad» (1970, Vol. I, 653).

Una de las mayores fortunas que pueden gozar los hombres es tener la ocasión de poder presentar las acciones llevadas a cabo en interés propio como si estuviesen motivadas por la causa del bien común. Esto hizo gloriosas las empresas del rey Católico, las cuales, hechas siempre para su seguridad o grandeza propia, a menudo parecían hechas para aumento de la fe cristiana o para la defensa de la Iglesia.

* * *

Este consejo —en el que Guicciardini vuelve a la figura de Fernando el Católico como modelo de «gran simulador»— satisface la descripción del realismo como mirada sobre el fenómeno de la política que cumple una doble función descriptiva y prescriptiva. De un lado, el realismo redescribe la realidad en la medida en que traduce los discursos de los actores a los hechos crudos del poder, desvelando la naturaleza de los intereses que se ocultan detrás de ideales y principios. De otro lado prescribe, en la medida en que como arte de gobierno aconseja codificar el interés particular —que siempre va ligado a la preservación del poder (seguridad) o su aumento (grandeza)— ocultándolo bajo la especie del bien común. Léase, para que los proyectos políticos encuentren menor resistencia y gocen de mayor consenso.

Me parece que todos los historiadores, sin excepción, han cometido el mismo error que sigue: dejar de escribir muchas cuestiones que en su tiempo eran notorias, presuponiéndolas conocidas. De ello se sigue que en las historias de los romanos de los griegos y de todos los demás se eche de menos la noticia de no pocos sucesos. *Verbigratia*: de las autoridades y la variedad de los magistrados, de los órdenes de gobierno, de las formas de la milicia, del tamaño de las ciudades y de tantas cosas similares que en el tiempo de quien escribía eran conocidísimas y por ello fueron pasadas por alto. Pero si hubiesen considerado que con el pasar del tiempo las ciudades se extinguen y la memoria de las cosas se pierde —y que no por otro motivo se escriben las historias, sino para conservarla a perpetuidad—, hubiesen sido más diligentes en su escritura. De modo que quien nace mucho tiempo después pueda tener ante sus ojos todas las cosas, como las tenían los testigos de los hechos narrados. Pues ese es, propiamente, el fin de la Historia.

* * *

Este consejo —que pertenece en exclusiva a la redacción C de 1530— expresa a la perfección las ideas que Guicciardini fue madurando en la etapa final de su vida sobre la *ars historica* y que trataría de llevar a la práctica en la monumental *Storia d'Italia*, obra que le ocuparía sus dos últimos años de vida (1538-1540). Se trata, en particular, de un nuevo ajuste de cuentas con el modelo humanístico de la historia como *magistra vitae* que concebía su escritura como «diálogo con los muertos». Guicciardini no niega el valor de este tipo de forma de hacer Historia, pero la reconduce a la categoría del *exemplum* entendido como modelo de carácter retórico-moral. Para que la historia pueda ser fuente de conocimiento útil Guicciardini apuesta por la superación del tipo de historiografía humanística, aún practicada por Maquiavelo, consistente en el comentario de una fuente clásica. Guicciardini reivindica una escritura más sensible al «particular», a saber, a la descripción detallada de las características político-institucionales que caracterizan cada situación histórica, apoyada en documentos y fuentes de archivo (cfr. Varotti 2016).

Me dijo en España Almazano, secretario del rey Católico, cuando tuvo noticia del acuerdo de los venecianos con el rey de Francia contra su rey, que en Castilla hay un proverbio que en nuestra lengua viene a decir «el hilo se rompe por el punto más débil». Lo que quiere decir, en esencia, es que al final son los más débiles los que pagan las consecuencias. Pues los actos no se miden ni con la razón, ni con la discreción, sino que, persiguiendo cada uno su ventaja, se acuerda hacer sufrir al que menos fuerza tiene, a quien se profesa menor respeto. Luego, quien tenga que negociar con quien es más potente no pierda de vista este proverbio, que no deja de ser confirmado siempre por los hechos.

* * *

Miguel Pérez de Almazán fue uno de los consejeros más influyentes de los Reyes Católicos, en especial de Fernando de Aragón, que ejerció la función de secretario de Estado y a quien Guicciardini conoció en su etapa como embajador de la República de Florencia en España. El consejo alude a la existencia de leyes naturales que determinan la relación entre Estados al margen de las convenciones legales o políticas. Del mismo modo que toda potencia hegemónica está destinada a declinar, la fuerza de un Estado también determina el grado de daño que puede sufrir. Se trata de una visión de las relaciones entre Estados que echa raíces en la tradición del realismo. La política, en última instancia, se revela como equilibrio de poder y relación de fuerza tal y como Tucídides lo ilustra en el llamado «Diálogo de los Melios» de su *Historia de la guerra del Peloponeso* cuando pone en boca de los atenienses lo que sigue: «Lo sabemos igual que lo sabéis vosotros: en el cálculo humano, la justicia solo se plantea entre fuerzas iguales. En caso contrario, los más fuertes hacen todo lo que está en su poder y los débiles ceden» (2019, 541).

Tened por cierto que si bien la vida de los hombres es breve, quien sabe hacer tesoro del tiempo y no lo consume vanamente lo gana de forma extraordinaria. Pues la naturaleza humana es muy capaz y la actividad de quien es diligente y resuelto produce resultados admirables.

* * *

Los consejos de Guicciardini no se caracterizan por hacer explícitas las fuentes que inspiran su pensamiento y que acompañan su escritura. No obstante, la crítica ha señalado a Séneca como uno de los moralistas clásicos cuya presencia se siente con más fuerza en los *Ricordi*. Este consejo, con su particular invitación a «hacer tesoro del tiempo», puede leerse como una reelaboración de las ideas que Séneca expone en el exordio a su tratado *Sobre la brevedad de la vida*: «No tenemos poco tiempo, sino que perdemos mucho. La vida es suficientemente larga y se nos ha dado con largueza para la realización de las más grandes empresas, con tal de que toda ella se emplee bien; pero cuando se disipó entre lujos e incurias, cuando no se invirtió en nada bueno, al cabo, cuando la suprema necesidad aprieta, sin haber reparado nunca en que pasaba, nos damos cuenta de que se nos ha ido» (2024, 109-110).

Gran desgracia es no poder alcanzar el bien, sin que le acompañe también el mal.

* * *

El pensamiento de Guicciardini está dominado por un escepticismo radical frente a la capacidad de la razón humana para controlar y prever el resultado de sus acciones sin sufrir consecuencias indeseables. El mundo está sometido a una gran variedad de accidentes inesperados de donde se sigue que, en ocasiones, «no hay mal que no venga por bien», como señala Gracián en *El Criticón*. Por tanto, el «bien» y el «mal» a los que alude Guicciardini no tienen un sentido trascendente, sino inmanente: ambos hacen referencia a resultados paradójicos en el campo de las acciones humanas. Guicciardini se sirve de esta misma idea en el *Dialogo* —«es mala la condición de quien sabe no poder alcanzar el bien sin tener primero el mal» (1970, Vol. I, 446)— y en la *Storia d'Italia* —«no hay mal en las cosas humanas que no lleve aparejado algún bien»— cuando alude a la serie de ventajas que trajo consigo para Carlos V la paz entre Francia e Inglaterra, la cual, en un principio, trató de evitar por considerarla contraria a sus intereses (1981, Vol. III, 1171).

Se equivoca quien cree que la victoria en las guerras depende de que sean justas o injustas, porque se observa lo contrario cada día: que no es la razón, sino la prudencia, la fuerza y la buena fortuna las que decantan la victoria en una empresa tal. Verdad es que en quien tiene una razón nace cierta confianza, fundada en la opinión de que Dios otorga la victoria a las causas justas, lo que hace a los hombres audaces y obstinados, condiciones ambas que en ocasiones conducen a la victoria. Luego, tener una causa justa puede beneficiar de manera indirecta, pero es falso que lo haga de manera directa.

* * *

Advertencia en la que Guicciardini se inspira de nuevo en el episodio de la resistencia heroica de Florencia frente a las tropas imperiales para recordar, apoyándose en su radical escepticismo, que no existe una adecuación o correspondencia entre la justicia divina y la justicia terrenal que garantice la victoria de las guerras emprendidas por una causa justa. No obstante, la creencia en la justicia de la causa por la que se combate sí puede producir efectos que ayuden a la victoria final. Nótese, en todo caso, que la admiración por la obstinación de los seguidores de la palabra profética de Savonarola fue matizada posteriormente por Guicciardini en la *Storia d'Italia*. En su obra final señaló que la obstinación de las autoridades republicanas, que se negaron a negociar la rendición de Florencia, fue la causa que llevó a la ciudad no solo al borde de la destrucción total, sino a la dura capitulación a la que fue sometida por parte de las tropas imperiales de Carlos V: «Y era real el peligro de que la guerra no finalizase sino con el exterminio de aquella ciudad, porque de esta obstinación participaban los magistrados y casi todos los que tenían en su mano la autoridad pública» (1980, Vol. III. 1920).

Quien quiere poner fin a las guerras demasiado pronto, a menudo las alarga. Pues al no estar dispuesto a esperar las provisiones necesarias o la debida maduración de la empresa, convierte en difícil lo que de otra manera hubiese sido fácil, de modo que por cada día que ha querido ganar, pierde a menudo más de un mes. Sin contar con que esta forma de proceder puede ser causa de mayores desórdenes.

* * *

Consejo que hace referencia a la costosa conquista de la ciudad de Cremona por parte del ejército de la Liga de Cognac en la que Guicciardini tomó parte en calidad de lugarteniente del ejército pontificio de Clemente VII. La ciudad capituló después de un largo asedio de dos meses (agosto-septiembre de 1526) y en opinión de Guicciardini constituyó una muestra de la falta de inteligencia e indecisión que caracterizaron el mando del duque de Urbino, Francesco Maria della Rovere (Cfr. Varotti 2016). Como ha señalado Masi (Cfr. 1994), a la luz de los hechos Guicciardini parece mostrarse crítico con su ejecutoria y lega su reflexión como advertencia de los problemas asociados al deseo de forzar los hechos sin atender a la maduración de los tiempos.

En las guerras gasta más quien quiere gastar menos, pues nada requiere un mayor y más desconsiderado derroche de dinero; y cuanto más generosas son las provisiones, tanto antes se concluyen las empresas. De modo que quien no dispone lo suficiente por ahorrar dinero, termina por alargar las empresas tanto más, de lo que resulta un gasto mayor sin comparación. Luego, no hay cosa más perniciosa que entrar en guerra asignando los recursos para salvar el día, a menos que se tenga una gran reserva de dinero, pues no es el modo de terminar una guerra, sino de alimentarla.

* * *

Consejo con el que Guicciardini polemiza con Maquiavelo sobre la máxima de Quinto Curcio «el dinero es el nervio de la guerra». En los *Discursos* Maquiavelo había escrito (II, 10): «El dinero, pues, no solo no te defiende, sino que te lleva a la perdición rápidamente. No puede ser más falsa esa opinión, tan corriente, que afirma que el dinero es el nervio de la guerra» (2024, 246). Guicciardini desarrolla su crítica a Maquiavelo en este punto en sus *Considerazioni*: «Quien fue autor de esa sentencia, que el dinero es el nervio de la guerra, y quien después la ha seguido, no quiso dar a entender que el dinero solo bastase para hacer la guerra, porque hubiese sido una opinión no solo falsa, sino todavía muy ridícula» (1970, Vol. I, 661).

A la hora de confiar o ponerte en manos de hombres a los que has injuriado en el pasado no es suficiente con que sepan que el negocio que tienes entre manos, si se conduce bien, también les reportará a ellos utilidad y honor. Pues en algunos hombres, dada su naturaleza, la memoria de las injurias puede tanto que les aboca a vengarse aunque sea en contra de su propio interés. O porque tienen en mayor estima esa satisfacción o porque la pasión les ciega de tal modo que no son capaces de discernir la cifra de su honor y utilidad. Tened en cuenta este consejo porque son muchos los que yerran en este punto.

* * *

Advertencia que coincide con el consejo que Maquiavelo ofrece en *El Príncipe*: «Quien cree que nuevas recompensas hacen olvidar a los grandes hombres las viejas injusticias de que han sido víctimas, se engaña» (2023, 78). La apostilla manuscrita de Guicciardini al margen del original de este consejo— que reza «duque de Urbino»— remite al mencionado condotiero italiano Francesco Maria della Rovere (1490-1538). Este perdió el ducado de Urbino durante el papado de León X, quien lo cedió a su sobrino Lorenzo de Piero de Medici, señor de Florencia y destinatario de la dedicatoria de *El Príncipe* de Maquiavelo. Della Rovere volvió a recuperar el ducado en 1521, precisamente tras la muerte de León X. Posteriormente, Francesco Della Rovere fue el capitán general del contingente veneciano de la Liga de Cognac y comandante *de facto* de las tropas pontificias de Clemente VII. Guicciardini, en su calidad de lugarteniente del ejército de la Iglesia, culpó a Francesco Della Rovere de la lentitud y la indecisión con la que el ejército antiimperial se condujo hasta su derrota final. Según Giorgio Masi, la correspondencia con el datario papal de

Clemente VII, Gian Maria Giberti, permite ver que Guicciardini albergaba la firme sospecha de que con su conducta Francesco Maria della Rovere había hecho pagar a Clemente VII la pérdida del ducado de Urbino que sufrió a manos del primer papa de la casa de los Medici, León X. (Cfr. 1994).

Tened siempre presente, como se ha dicho ya a propósito de los príncipes, no tanto aquello que los hombres con quienes tenéis que negociar deberían hacer con arreglo a la razón, como lo que se puede esperar que hagan considerando bien su naturaleza y costumbres.

* * *

Advertencia que permite a Guicciardini recordar, con acento aristotélico, que los hábitos, usos y costumbres que se adquieren con la práctica constituyen una segunda naturaleza que permite entender, con garantía de éxito, de qué modo persigue cada persona su interés particular. Se trata de una reflexión que remite al problema de la previsibilidad de las acciones humanas y que entronca, en un plano antropológico, con una concepción de la naturaleza humana en la que los hombres no actúan conforme a un cálculo racional *more geometrico* sino que obran dominados por las pasiones y determinados, a su vez, por sus hábitos y costumbres.

Tened muchísima precaución antes de emprender nuevas empresas o negocios, pues una vez iniciados es necesario darles continuidad. A menudo sucede que los hombres se conducen entre dificultades de las que, de haber imaginado la octava parte, se habrían mantenido bien alejados. Sin embargo, como están ya embarcados no está en su poder echarse atrás. Esto ocurre, sobre todo, en el caso de las enemistades, las luchas de facciones, las guerras. En estos casos, como en todo las demás, no hay ninguna consideración ni diligencia que esté de más antes de empeñarse.

* * *

Consejo que remite a la preocupación general de Guicciardini por entender, delimitar y neutralizar los problemas que determinan el proceso de toma de decisiones en la política. A pesar de que las «cosas del mundo» están sometidas a mil accidentes que la razón no es capaz de prever, el hombre de Estado que se dice prudente tiene la obligación de no ahorrar ningún esfuerzo a la hora de ponderar la oportunidad de toda nueva empresa y anticipar, en lo posible, los escenarios a los que puede llevar. Pues una vez tomada la decisión, el mecanismo de la historia se muestra implacable. Y resulta imposible escapar a sus consecuencias políticas y reputacionales. Este consejo reaparece en la *Storia d'Italia*: «En toda materia de Estado se deben considerar con gran diligencia los primeros pasos, porque después no está en la mano de los hombres escapar, sino es como sumo deshonor y peligro, a las decisiones tomadas y en las que se ha perseverado desde tiempo ha» (1981, Vol. II, 741-742).

Parece que a menudo los embajadores toman partido por el príncipe ante el que han sido enviados. Lo que hace sospechar que se han corrompido o que esperan algún premio, o cuando menos que la cortesía y humanidad de la que han sido objeto los ha puesto de su lado. Pero este comportamiento también puede deberse a que al tener ante sus ojos de continuo los negocios de aquel príncipe, y no otros, les atribuyen una trascendencia de la que en realidad carecen. Algo que no le ocurre a su príncipe, quien ha considerado la cosa en su conjunto y descubre con facilidad el error de su ministro, atribuyendo a menudo a la maldad lo que tantas veces se debe a una imprudencia. Por ello, quien sea nombrado embajador ha de tenerlo muy en cuenta, porque es cosa de mucha importancia.

* * *

La experiencia como embajador en la corte de Fernando el Católico estuvo marcada por la dificultad para recibir noticias de su gobierno y poder formarse, en consecuencia, un criterio claro de actuación. En este caso, Guicciardini advierte de un error en el que los embajadores incurren con facilidad: la atribución de un valor absoluto y objetivo a la información que se recaba desde su punto de observación. La advertencia, por tanto, tiene un destinatario doble. Toca al embajador asumir que la falta de contacto con su gobierno puede afectar a la capacidad del embajador para ponderar los negocios que se ventilan de la corte ante la que ha sido enviado. Y toca al príncipe, a su vez, contar con los límites objetivos que se imponen al embajador a la hora de formarse un criterio claro cuando tenga que ponderar la información que recibe de este (Cfr. Varotti 2016).

154

Los secretos de un príncipe son infinitos, infinitas las cosas que debe tener en consideración. Por tanto, resulta temerario creerse en posición de juzgar sus acciones, pues a menudo ocurre que la acción que atribuyes a una causa en realidad se debe a otra. Y que donde tú ves azar o imprudencia, no hay sino arte y prudencia extraordinaria.

* * *

Advertencia de espíritu tacitista con la que Guicciardini recuerda a sus lectores que el ejercicio del poder tiene que ver con la gestión de una información de carácter reservado, con la administración de los *arcana imperii*. Desde este punto de vista, el príncipe es el depositario de un conocimiento secreto que escapa al alcance del común de los súbditos. Quien desea, por tanto, interpretar la razón última que mueve al príncipe cuando hace uso de su poder y los intereses que persigue cuando decide su política debe conducirse con la máxima prudencia. Tácito utiliza la expresión *arcana imperii temptari* en sus *Anales* (II 36): «No cabía duda de que aquella propuesta calaba muy adentro y trataba de descubrir los secretos del imperio» (2024, 156).

Se dice que quien no conoce todos los detalles no puede juzgar con propiedad. No obstante, he observado que quien no tiene criterio muchas veces juzga mejor si solo tiene una noticia general que si tiene ante sus ojos todos los elementos de juicio. Pues apoyándose en lo general a menudo podrá dar con una buena solución, en cambio, se confunde si atiende a todos los particulares.

* * *

Consejo que remite a la reflexión general de Guicciardini sobre la capacidad del pueblo para discernir en materia de Estado y en el que polemiza con el juicio que Maquiavelo ofrece en los *Discursos sobre la primera década de Tito Livio* (I, 47) sobre lo ocurrido en Florencia en 1494, tras la expulsión de los Medici: «Ocurría a veces que alguno de los ciudadanos que hablaba así ascendía a las supremas magistraturas, y cuando estaba en aquel lugar y consideraba las cosas más de cerca, veía de dónde nacían los desórdenes y los peligros que se cernían, y lo difícil que era evitarlos. Y viendo que eran los tiempos y no los hombres los que motivaban los desórdenes, pronto cambiaba su ánimo y sus hechos, porque el conocimiento de las cosas particulares deshacía el engaño que había concebido cuando consideraba las cosas generalmente» (2024, 171).

He sido muy resuelto y firme en mis acciones por naturaleza. Y a pesar de ello cuando he tomado una decisión importante a menudo he dudado sobre el partido que he tomado. Lo que no procede de que yo crea que si tuviera que deliberar de nuevo resolvería de otro modo, sino del hecho de que al afrontar la decisión tuve presentes las dificultades de una y otra parte. Pero una vez tomado el partido, no temiendo más las dificultades de la opción descartada, se me presentan solo aquellas que me toca enfrentar. Las cuales, consideradas en sí mismas, parecen mayores de lo que eran en comparación con las otras. De donde se sigue que, para bien librarse de este tormento, urge tener presentes también aquellas primeras dificultades que hemos orillado.

* * *

Consejo que aborda uno de los temas predilectos de Guicciardini: las dificultades inherentes al proceso de toma de decisiones del hombre de Estado. Dado que el mundo está sometido a mil accidentes que no se pueden prever, la racionalidad humana no puede garantizar un partido seguro. No obstante, si bien resulta imposible despejar toda duda sobre las decisiones tomadas, sí cabe, al menos, suavizar la incertidumbre teniendo presentes las dificultades que se han evitado en el proceso de deliberación. Guicciardini incorpora esta idea a su *Storia d'Italia*: «Pero como sucede a menudo, cuando se viene a dar principio a la ejecución de nuevas empresas, grandes y difíciles, si bien ya deliberadas, se presentan a la mente de los hombres las razones que se podrían esgrimir en contra» (1981, Vol. II, 155).

No es bueno procurarse fama de hombre receloso, de desconfiado. Con todo, el hombre es tan falso, tan insidioso, procede con tan malas e indescifrables artes, persigue con tanta avidez su interés particular y muestra tan poca consideración por lo ajeno, que no yerra quien cree poco y confía menos.

* * *

Advertencia que desvela el profundo pesimismo antropológico que domina el pensamiento de Guicciardini. Para nuestro autor el egoísmo radical que conduce las acciones de los hombres los lleva, en cuanto se presta la ocasión, a sacrificar el bien común en el altar de su interés particular. El fondo y la forma de esta reflexión recuerdan al célebre pasaje de *El Príncipe* en el que Maquiavelo recuerda que los hombres son (XVIII): «ingratos, volubles, simulan lo que no son y disimulan lo que son, huyen del peligro, están ávidos de ganancias, y mientras les haces favores son todo tuyos, te ofrecen la sangre, los bienes, la vida, los hijos —como anteriormente dije— cuando la necesidad está lejos; pero cuando se te bien encima vuelven la cara» (2023, 116).

Los beneficios que procura tener buen nombre y buena fama se hacen visibles a cada paso. Pero son pocos si se comparan con los que no se ven, que vienen por sí solos y sin que conozcas su causa, siguiendo la buena opinión que se tiene de ti. Luego, como aquel dijera con suma prudencia: vale más el buen nombre que muchas riquezas.

* * *

En la obra de Guicciardini la «reputación», la «fama», el «honor» o el «buen nombre» son conceptos intercambiables que no solo remiten a una dimensión ético-moral. A saber, al reconocimiento público de quien se conduce de manera virtuosa en el cumplimiento de sus deberes y obligaciones en tanto que ciudadano y persona privada. Guicciardini también se muestra atento a la utilidad de la fama o el buen nombre en tanto que crédito público que abre las puertas al disfrute de beneficios y ventajas, ya sea de manera directa o indirecta. Como ha indicado Pasquini (Cfr. 2023) el consejo se corona con una cita bíblica: «De más estima es el buen nombre que las buenas riquezas» (Proverbios 22:1).

No censuro los ayunos, las oraciones, ni otras obras pías similares que la Iglesia ordena o los frailes recomiendan. Sin embargo, el sumo bien —en comparación con el cual todos los demás palidecen— es no perjudicar a nadie y beneficiar a toda persona en cuanto sea posible.

* * *

El consejo de Guicciardini se inscribe en la tradición literaria iniciada por Boccaccio que tiene como objeto la crítica de la Iglesia como institución que ampara un tipo de religiosidad, totalmente exterior, que se agota en la manifestación ritual de la devoción. A saber, en la observancia de ayunos, oraciones u obras pías descuidando el cumplimiento efectivo de los preceptos evangélicos. La invitación final a realizar el sumo bien concluye con una cita de *La Ciudad de Dios* de San Agustín (XIX, 14): «Y el orden de esta paz consiste primero en no hacer mal a nadie y luego en ayudar a todo el que sea posible» (San Agustín 2010, 418; Cfr. Palumbo 2023; Varotti 2016).

Resulta grandioso, ciertamente, que todos sepamos que hemos de morir y que vivamos, en cambio, como si tuviésemos la certeza de vivir para siempre. No creo que la razón resida en que tengamos un apego mayor por aquello que tenemos ante los ojos y nos es perceptible a los sentidos, que por las cosas lejanas y que no se ven, pues la muerte nos ronda y se puede decir que la experiencia cotidiana nos la muestra a cada instante. Creo que se debe a que la naturaleza ha querido que vivamos con arreglo al orden de esta máquina del mundo, que no queriendo permanecer mortecina y sin sentido nos ha dado la facultad de no pensar en la muerte, pues si pensásemos en ella el mundo sería todo desidia y sopor.

* * *

En este consejo, en el que Guicciardini reflexiona sobre la inclinación natural de los hombres a persistir en su propio ser, elabora una idea que Cicerón expone en *Sobre la vejez* (VII, 24): «porque no hay nadie tan viejo que no piense que puede vivir todavía un año; pero esa misma persona se esfuerza por algo que sabe que no le incumbe del todo» (2024, 29). De otra parte, y como ha hecho notar Masi (Cfr. 1994), la expresión «máquina del mundo» para referirse a la naturaleza mecánica del universo también aparece en *El Cortesano* de Castiglione (Libro IV, 6): «Mira este gran edificio y fábrica del mundo, el cual por el bien y conservación de todas las criaturas ha sido criado y fabricado por la mano de Dios» (2020, 516).

Cuando considero a cuántos accidentes y peligros de enfermedad, de azar, de violencia, y de infinitos modos, está sometida la vida del hombre, cuántas cosas deben suceder a lo largo de un año para que la cosecha sea buena, nada me maravilla más que ver un hombre viejo o un año fértil.

* * *

Consejo de carácter existencial que recuerda al libro del Eclesiastés por su profundo pesimismo. Guicciardini recuerda a sus lectores la precariedad absoluta de la condición humana, sujeta a la incertidumbre radical en un mundo dominado por la imprevisibilidad de los accidentes y el capricho de la diosa Fortuna, en el que ningún conocimiento ni experiencia permite al hombre sobreponerse a dicha situación de fragilidad y desamparo por completo. Al punto que una vida que concluye en la vejez no es la norma, sino una excepción que adquiere el valor de un milagro (Cfr. Pasquini 2024; Varotti 2016; Palumbo 2023).

En las guerras, como en otros negocios importantes, a menudo he visto dejar el aprovisionamiento por considerar que llegaría tarde. Sin embargo, después se ha podido comprobar que habría llegado a tiempo y que la omisión ha sido causa de un daño grandísimo. Todo se debe a que normalmente el ritmo de las cosas es mucho más lento de lo que uno se imagina, al punto de que tres o cuatro meses no son suficientes para hacer aquello que juzgabas podía hacerse en un mes. Se trata de un consejo importante y a tener en consideración.

* * *

Consejo de carácter militar que, sin embargo, remite al problema más general de la incapacidad de la razón humana para prever con exactitud la duración de los fenómenos políticos, civiles y militares. Con esta suerte de reflexiones Guicciardini transmite una idea de la realidad como un proceso abierto y no determinado, que no responde a una lógica interna y que se encuentra sometido a infinitas variables cuyo impacto los hombres no pueden siquiera prever. Todo lo que en el lenguaje del Renacimiento se traduce en la idea de la acción ciega de la diosa Fortuna, que sujeta la realidad a su capricho.

Cuán ajustado aquel dicho de los antiguos: *Magistratus virum ostendit.* No hay cosa que ponga mejor de manifiesto las cualidades de los hombres que asignarles tareas de gobierno y autoridad. ¡Cuántos hay que hablan bien, pero no saben hacer nada! ¡Cuántos que en la bancada o en la plaza parecen hombres excelentes y que cuando ostentan cargos son solo sombras!

* * *

Guicciardini hace referencia a un proverbio clásico con una fuerte presencia, si bien con distintas formulaciones, en la tradición de pensamiento occidental. Desde la *Ética a Nicómaco* de Aristóteles hasta los *Adagia* de Erasmo, pasando por *La Monarquía* de Santo Tomás o *El Cortesano* de Castiglione (Cfr. Palumbo 2023). La idea según la cual la asunción de un cargo público —léase, el ejercicio de una magistratura— tiene la virtud de descubrir la verdadera capacidad y valía de un hombre conecta con el particular elitismo de Guicciardini. Para nuestro autor el ejercicio de la política debería ser un arte reservado a quien se distingue por su capacidad y conocimiento. De modo que la talla de quien aspira a ser un hombre de Estado se mide con arreglo a su competencia práctica y en contacto con la realidad del gobierno, no en función de lo que puede hacer o decir en ausencia de responsabilidad política. Este consejo, por lo demás, tiene el honor de ser utilizado por Guicciardini como la frase que cierra su monumental *Storia d'Italia.* Cuando su narración alcanza el año 1534 y aborda la muerte de Clemente VII y la elección Alejandro Farnesio como nuevo pontífice con el nombre de Pablo III: «Porque es muy cierto y digno del mayor elogio aquel proverbio, «que es el ejercicio de la magistratura el que muestra la talla del hombre» (1981, Vol. III, 1942).

La buena fortuna de los hombres es a menudo su mayor enemigo, pues con frecuencia los vuelve malvados, superficiales e insolentes. Por ello, para los hombres es una prueba mayor resistirse a ella, que hacer frente a las adversidades.

* * *

Consejo que remite al filósofo romano Lucio Anneo Séneca como *auctoritas* y que puede ser interpretado con arreglo a la lógica de la moral estoica: el sabio está llamado a sobreponerse a los accidentes de la vida. No se abate, por tanto, ante las desgracias, ni tampoco pierde la cordura cuando le sonríe la fortuna. La referencia a Séneca podría ser a su opúsculo *Sobre la brevedad de la vida* (II,4): «Mira a aquellos a cuya felicidad acude corriendo la gente: se ahogan en sus propios bienes» (2024, 111) (Cfr. Pasquini 2023; Varotti 2016).

De un lado, parece que un príncipe o un señor debería conocer mejor que ningún otro la naturaleza de sus súbditos y servidores, pues tiene que vérselas por fuerza con sus deseos, proyectos y comportamientos. De otro, sin embargo, resulta todo lo contrario. Pues estos, que se comportan más abiertamente con cualquier otro, ante los príncipes utilizan todo ardid y se valen de todo arte para esconder su naturaleza e ideales.

* * *

Advertencia que sirve a Guicciardini para recordar que la desconfianza natural de los hombres ante el poder los lleva a disimular en lo posible sus opiniones e intenciones ante los representantes del gobierno. Resulta interesante observar que en este punto Guicciardini refuta una de las ideas centrales en torno a las cuales Maquiavelo construye la célebre dedicatoria de *El Príncipe* a Lorenzo el Magnífico: «porque así como quienes dibujan el paisaje se sitúan en el punto más bajo de la llanura para estudiar la naturaleza de las montañas y de los lugares elevados, y para estudiar la de las bajas planicies ascienden al punto más elevado de los montes, de la misma forma, para conocer bien la naturaleza de los pueblos, es necesario ser príncipe y para conocer bien a los príncipes es necesario formar parte del pueblo» (2023, 44).

No penséis que quien ataca a otros, *verbigratia,* quien pone bajo asedio una ciudad, puede prever todos los movimientos defensivos que hará su enemigo. Pues al actor experimentado se le ocurrirán, por naturaleza, los remedios ordinarios a los que puede recurrir el adversario. No obstante, el peligro y la dificultad que sufre quien se haya sitiado le harán recurrir a remedios extraordinarios impensables para quien no sufre la misma necesidad.

* * *

Advertencia que pertenece a la redacción C de 1530 y que pone de nuevo en el punto de mira la extraordinaria capacidad de resistencia de la ciudad de Florencia frente al asedio de las tropas imperiales de Carlos V que pretendían la restauración del poder de los Medici. La reflexión sirve a Guicciardini para continuar la teorización iniciada en los consejos 1 y 137 que identifica la «necesidad» como el factor que hace que los hombres orillen toda actitud prudencial para convertirse en sujetos audaces y arrojados —pero también temerarios e imprudentes— desafiando las previsiones de la razón echándose en manos de remedios extraordinarios. Como señala Varotti (Cfr. 2016), con esta reflexión Guicciardini viene a sugerir la relación dialéctica de los pares opuestos «ordinario-extraordinario», «previsibilidad-imprevisibilidad», «sabiduría-locura», «razón-pasión» como una clave interpretativa de las acciones humanas.

No creo que en el mundo haya cosa peor que la ligereza, porque los hombres ligeros son instrumentos al servicio de cualquier partido, por malo, peligroso o pernicioso que sea. Luego, huye de ellos como del fuego.

*   *   *

El hombre «ligero» al que se refiere Guicciardini en este consejo y del que aconseja huir como del fuego es el hombre que se conduce de manera caprichosa, voluble, frívola, inconstante y tornadiza. Pasquini señala con acierto que este «hombre ligero» puede considerarse como el modelo opuesto al ideal del *homo politicus* —caracterizado por su gravedad, prudencia y discreción— al que Guicciardini aspira confiar los asuntos de Estado (Cfr. 2023).

¿Qué me importa si quien me ofende lo hace por ignorancia o por maldad? Más aún, a menudo resulta mucho peor, porque la maldad tiene sus propios fines y procede conforme a sus reglas, de lo que se sigue que no siempre ofende cuanto puede. Pero la ignorancia, no estando sujeta ni a fines, ni reglas, ni medida, procede de manera furiosa y da palos de ciego.

* * *

Tanto en el *Dialogo* como en la *Storia d'Italia* Guicciardini utiliza esta aparente paradoja —es decir, que puede hacer más daño el ignorante que el malvado— para referirse a la peligrosidad del pueblo como actor político. Como ha señalado Varotti (Cfr. 2016), Guicciardini incorpora esta idea a la redacción C de los *Ricordi* y la presenta desprovista de un carácter exclusivamente político. A saber, como norma de comportamiento de aplicación universal que previene del mal que procede de la ignorancia. Pues esta se conduce de manera ciega, desordenada y al margen de cualquier medida o regla. Razón por la cual escapa a cualquier lógica interpretativa o de previsión, haciendo más difícil protegerse de sus efectos. De otra parte, la imagen del pueblo como actor que se abandona a la violencia sin atender a formalidades ni reglas cuando es dominado por la ira también es propia de la tradición clásica. Puede encontrarse, por ejemplo, en *Sobre la ira* de Séneca (véase III, 2).

Tened por principio que ya sea en un gobierno libre, en uno oligárquico o en una monarquía os resultará imposible llevar a buen puerto todos y cada uno de vuestros propósitos. Por tanto, si alguno os faltase por realizar no os enfurezcáis, ni comencéis a alimentar la idea de la sedición, mientras os podáis contentar con dar satisfacción al menos a una parte. Actuando de otro modo os turbaréis vosotros mismos y a veces también a la ciudad. Y al final os encontraréis con que casi siempre ha empeorado vuestra condición.

* * *

Consejo que expresa a la perfección el instinto conservador que domina el realismo de Guicciardini y que sintetiza tres ideas centrales de su pensamiento político. La primera, que la política en tanto que arte del gobierno tiene como *ultima ratio* la preservación de la salud del Estado. La segunda, que los hombres están condenados a estar insatisfechos en materia de gobierno, con independencia del tipo régimen al que sirvan, pues la complejidad de la política, sometida a la mutación constante de las circunstancias e intereses de sus actores, hace que nadie pueda ver nunca sus objetivos plenamente satisfechos. La tercera, que todas las mutaciones en materia de gobierno producen tanto efectos positivos como negativos, razón por la cual a la hora de proceder a cambiar el *statu quo* urge conducirse con prudencia para evitar que los cambios desborden el Estado y amenacen con su ruina. En el *Dialogo* Guicciardini desarrolla esta idea como sigue: «Y si se da la ocasión de reordenar las cosas, recordad que si no podéis llevar las cosas al punto deseado completamente, conformaos con que al menos se conduzcan en un grado tolerable y se mantenga con vida la ciudad; por lo demás, conformaos con sobrellevar y contemporizar lo mejor que podáis antes que desear novedades, porque no vendrá cosa que no sea peor» (1970, Vol. I, 447).

Qué gran suerte la de los príncipes, que descargan con tan suma facilidad la responsabilidad que les es propia sobre otros. Pues según parece suceder siempre, los errores y las ofensas que cometen, aun cuando son de su entera responsabilidad, son atribuidos al consejo o instigación de quienes tiene cerca. Creo que esto no se debe tanto a la astucia con la que alimentan esta opinión, cuanto a que los hombres dirigen de buen grado su odio y sus calumnias contra quien está a menos distancia y contra aquellos de quienes esperan poder vengarse más fácilmente.

* * *

Consejo que no comparece en los *Ricordi* hasta la redacción C y que puede interpretarse a la luz de la experiencia personal de Guicciardini frente al último gobierno popular de Florencia (1527-1530). Guicciardini fue el consejero elegido por Clemente VII para negociar la capitulación de la ciudad, pero el gobierno de Florencia se negó a mantener trato alguno con los Medici y su círculo de poder. Aún más, condenó a Guicciardini por traición a la patria y decretó la confiscación de sus bienes. No obstante la matriz biográfica de la advertencia, el consejo retoma la lección de 144: la cuerda siempre se rompe por el punto más débil.

Decía el duque Ludovico Sforza que para conocer a los príncipes y a las ballestas sirve un mismo criterio. Si la ballesta es buena o no, se sabe por las flechas que lanza. Así, el valor de los príncipes se conoce por la calidad de los hombres que envían fuera. Por consiguiente, se puede deducir qué tipo de gobierno fue aquel de Florencia, cuando a un mismo tiempo empleó como embajadores a Carduccio en Francia, Gualterotto en Venecia, micer Bardo en Siena y micer Galeotto Giugni en Ferrara.

* * *

Los cuatro embajadores a los que Guicciardini alude representaron a la República de Florencia en el periodo del gobierno filopopular que tomó el poder en la ciudad tras la expulsión de los Medici en 1527, como consecuencia del Saco de Roma. La vinculación de los cuatro embajadores con el partido de los «Arrabbiati», responsable de la deriva radical que se impondrá en el gobierno florentino a partir de 1528, permite deducir que el consejo expresa las reservas de Guicciardini sobre la capacidad del gobierno popular para rodearse de funcionarios competentes y, sobre todo, su resentimiento para con el gobierno que le acusó de traición a la patria (Cfr. Varotti 2016). El consejo, de otra parte, sigue los pasos del razonamiento que Maquiavelo ofrece en *El Príncipe* cuando aborda la cuestión de los secretarios de los príncipes: «de ahí que el primer juicio que nos formamos sobre la inteligencia de un señor sea a partir del examen de los hombres que tiene a su alrededor: cuando son competentes y fieles se le puede tener siempre por sabio, puesto que ha sabido reconocer su competencia y mantenérselos fieles. Pero cuando son de otra manera, hay siempre motivo para formar un mal juicio de él, puesto que su primer error ha sido precisamente elegirlos» (2023, 145).

Los príncipes no fueron instituidos para velar por su interés propio, sino para mirar por el beneficio común de todos. Y les fueron entregadas las entradas e ingresos públicos para que los pusiesen al servicio de la conservación del dominio y los súbditos. De aquí que la parsimonia resulte más detestable en ellos que en un particular. Pues acumulando más de lo debido el príncipe se apropia de aquello de lo cual se le ha hecho, hablando con propiedad, no señor sino recaudador y administrador en beneficio de muchos.

* * *

La formulación de 172 y 173 responde a un dilema propio de la tradición literaria de los *specula principis*: ¿el príncipe debe ser liberal o parsimonioso? La argumentación del consejo de Guicciardini busca recordar que la acción que en un ciudadano privado puede considerarse virtuosa —léase, la frugalidad que facilita el ahorro y la acumulación de bienes— no tiene la misma consideración en un príncipe, pues sus acciones no deben satisfacer el «interés propio» sino sujetarse al criterio del «beneficio común». Por tanto, deben conducirse y evaluarse conforme a un criterio diferenciado. Se trata de una reflexión de sabor aristotélico que se inspira en la distinción clásica entre la dirección política y la dirección doméstica que el filósofo de Estagira establece en *La Política* (I, 1, 1252a): «Cuantos opinan que es lo mismo regir una ciudad, un reino, una familia y un patrimonio con siervos no dicen bien. Creen, pues, que cada una de esas realidades se diferencia de las demás por su mayor o menor dimensión, pero no por su propia especie. Como si uno, por gobernar a unos pocos, fuera amo de una casa; si a más, administrador de un dominio; si a más aún, rey o magistrado; en la idea de que en nada difiere una casa grande y una ciudad pequeña, ni un rey y un gobernante político, sino que cuando uno ejerce el mando a título personal resulta un rey y cuando lo hace según las normas de un arte peculiar, siendo en parte gobernante y gobernado, es un político. Pero no es verdad» (2024, 59-60).

En un príncipe la prodigalidad resulta más detestable y perniciosa que la parsimonia, pues no pudiendo darse aquella sin quitar a muchos, resulta más dañino para los súbditos quitarles que no darles. Sin embargo, parece que a los pueblos les gustan más los príncipes pródigos que los avaros. La razón radica en que, aunque sean pocos a los que beneficia el pródigo en comparación con aquellos a los que perjudica —que por fuerza han de ser muchos—, como he dicho otras veces, en los hombres puede más la esperanza que el temor. Y esperan estar antes entre aquellos pocos a los que les es dado, que entre los muchos a quienes se quita.

* * *

Consejo que sirve a Guicciardini para subrayar la tendencia natural del pueblo a dejarse llevar por falsas esperanzas y distraerse de lo que más le interesa. La idea, en principio paradójica, de que tanto al pueblo como al príncipe interesa lo mismo, es decir, que este último se conduzca de modo frugal y ahorrativo, está en armonía con el consejo que Maquiavelo ofrece sobre el particular en *El Príncipe* (XVI): «Un príncipe, por tanto, —dado que no puede recurrir a esta virtud de la liberalidad sin perjuicio suyo cuando se hace manifiesta—, debe, si es prudente, no preocuparse de ser tachado de tacaño, porque con el tiempo siempre será considerado más liberal al ver sus súbditos que gracias a su parsimonia sus rentas les bastan, puede defenderse de quien le hace la guerra, puede acometer empresas sin gravar a sus pueblos. De esta forma, al final, viene a ser liberal con todos aquellos a quienes no quita nada —que son muchísimos— y tacaño con todos aquellos a quienes no da, que son pocos» (2023, 112).

Haced todo lo que esté en vuestras manos para tener una buena relación con los príncipes y los Estados que gobiernan. Pues, a pesar de que seáis inocentes, mantengáis una posición tranquila y ordenada y no tengáis interés por la política, no dejan de suceder cosas, a todas horas, que os pueden obligar a pasar por las manos de quien gobierna. Sin contar con que la mera opinión de que no le mostráis afecto os perjudica de infinitos modos.

* * *

Consejo al servicio de la autoconservación de quien vive sometido al gobierno de un príncipe. Advierte de la incertidumbre e inseguridad a la que se expone quien no cuenta con el beneplácito o aceptación de su señor. Apoyándose, por tanto, en una concepción de la política que también se resuelve como juego de apariencias, Guicciardini desaconseja, por imposible, la opción de vivir al margen de la política e invita al súbdito a graduar la relación con el príncipe de modo que si no es posible establecer una buena relación con este, evite, con los medios que sean, que corra la voz de que no le profesa afecto. Se trata, en definitiva, de un aviso orientado a sobrevivir en un régimen donde gobiernan los hombres y no las leyes, razón por la cual el nivel de afecto por el príncipe y su correcta publicidad se convierten en factores que garantizan la seguridad del súbdito. Por decirlo con Maquiavelo, pero referido en este caso al ciudadano, si este quiere garantizar su tranquilidad en un régimen principesco debe garantizarse el amor de su soberano y cuando esto no es posible, al menos, procurar no ser merecedor de su odio.

El gobernador de un pueblo —es decir un magistrado— debe evitar en lo posible mostrar odio hacia alguien o tomarse venganza por una ofensa personal, pues sería objeto de gran reproche hacer uso de su autoridad para responder a injurias privadas. Por tanto, tenga paciencia y espere el momento, pues es imposible que antes o después no venga dada la ocasión de poder obtener el mismo resultado de manera justificada y sin rastro de rencor.

* * *

Consejo que recuerda la lección de Séneca en su tratado *De la cólera* en el que advertía del poder autodestructivo de la sed de venganza. Pues cuando esta está animada por la ira puede convertirse en una pasión que ciega a quien busca su satisfacción a todo trance provocando finalmente su ruina (I, 1): «con tal de dañar al otro, descuida de sí, precipitándose sobre sus propios dardos ávida de una venganza que ha de arrastrar con ella al vengador» (2017, 41-42). En este sentido, el consejo de Guicciardini busca armonizar la preservación de la autoridad del magistrado —asociada a su capacidad para aplicar la ley e impartir justicia de manera impersonal e imparcial, separando claramente entre lo que toca al interés público y lo que concierne a su interés privado— con la posibilidad de que este no pierda la oportunidad de cobrarse su venganza. El secreto, según Guicciardini, consiste en saber esperar al momento justo y la circunstancia adecuada para que la satisfacción de la venganza parezca tener una excusa clara.

Rogad a Dios estar siempre en el bando vencedor, pues se os elogiará aunque no hayáis tenido parte alguna en la empresa. Como ocurre, por el contrario, a quien se encuentra en el bando perdedor, que será acusado de infinidad de cosas de las que no es en absoluto culpable.

* * *

Advertencia de agudo realismo que sirve a Guicciardini para recordar que en la política y en la guerra —si cabe diferenciar ambas dimensiones de la vida del *homo politicus*— la distribución de los méritos y los deméritos no siempre se produce con arreglo a criterios de justicia u objetividad —es decir, atendiendo a la responsabilidad de cada uno—, sino que está sujeta a la lógica de la dialéctica vencedores-vencidos. Se trata, en definitiva, de un consejo amargo y de clara matriz biográfica que recuerda que la conquista del poder conlleva la potestad de decidir quién es digno de premio o alabanza con independencia de los hechos.

En Florencia, casi siempre debido a la estupidez de los hombres, cuando alguien se ha rebelado con violencia contra el orden constituido no se ha tratado de castigarlo. Al contrario, se ha tratado de otorgarle impunidad a condición de que depusiera las armas y no volviese a las andadas. Modo este no de reprimir a los insolentes, sino de convertir a los corderos en leones.

* * *

En *Sobre la clemencia* Séneca alaba la moderación del príncipe que es capaz de dominar sus pasiones y no cede ante la sed de venganza: «la clemencia conviene por naturaleza a todos los hombres, pero se adecúa especialmente a los emperadores» (2018, 74). No obstante, Séneca también reconoce la utilidad de los castigos duros cuando la salud pública lo exige y cuando lo contrario comporta un riesgo para el Estado. En este punto, la advertencia de Guicciardini señala un caso límite extraído de la historia de Florencia: la clemencia con quien se ha levantado con violencia contra el Estado solo consigue «convertir a los corderos en leones», siguiendo la imagen bíblica (Isaías 11:6). Como ha señalado Carlo Varotti, la aparición de esta advertencia en la redacción C de 1530 parece reflejar el estado de ánimo de Guicciardini ante el debate sobre las medidas represivas necesarias a adoptar contra los defensores del régimen republicano antimediceo que se negó a capitular ante las fuerzas imperiales que mantenían asediada la ciudad y rendido el Estado florentino. Guicciardini, consejero mediceo a quien Clemente VII encargó el restablecimiento del orden en Florencia tras la capitulación, advirtió a Bartolomeo Lanfredini en carta fechada el 17 de octubre de 1530: «si se quiere instaurar este Estado [en referencia a la restauración del dominio de los Medici] conviene no andarse con miramientos» (Cfr. 2016).

Las industrias productivas y comerciales son beneficiosas cuando la mayoría no las estima provechosas. Pues si cambian de opinión declinan, porque la concurrencia de muchos hace que no sean tan beneficiosas. Luego, madrugar es una gran ventaja para todas las cosas.

* * *

La influencia y el poder de la familia Guicciardini en Florencia no solo se debía a su larga historia de participación en el gobierno de la ciudad, sino también a sus prósperas actividades comerciales. Aunque el principal medio de vida de Francesco Guicciardini fue la política, también desarrolló una importante actividad empresarial junto a sus hermanos Luigi, Iacopo y Girolamo. Dando continuidad, entre otras empresas de alcance internacional, al negocio familiar de manufactura de seda. Como señala Varotti se trata de un aviso que concentra todo el sabor de la sabiduría adquirida en el tiempo por la clase mercantil florentina (Cfr. 2016).

Cuando era joven me tomaba a broma saber tocar, bailar, cantar y ligerezas de ese género, como también de escribir bien, saber montar a caballo, saber vestir con elegancia y todas aquellas cosas que parecen dar a los hombres más adorno que sustancia. Sin embargo, después he deseado lo contrario. Pues si bien no conviene dedicarles mucho tiempo —y quizás aproveche más educar a los jóvenes para que no se distraigan con ellas—, a pesar de ello la experiencia me ha enseñado que estos adornos y el arte de hacer bien cada cosa otorga dignidad y reputación a los hombres, *etiam* a los mejor dotados, al punto de poder afirmar que a quien le faltan carece de algo. Sin contar con que quien hace gala de buenos modales prepara el camino a los favores del príncipe, además de que en algunos casos resulta principio y razón de grandes beneficios y éxitos. Pues el mundo y los príncipes no son como deberían ser, sino como son.

* * *

Consejo que recuerda que las habilidades que deben acompañar al perfecto cortesano no solo son adornos personales que tienen como objetivo la distinción social, sino que también son medios útiles y de probada eficacia para medrar en la vida política: sirven para allanar el camino al príncipe y ganarse su voluntad. La idea de las habilidades prácticas cortesanas como vía de acceso al príncipe también la desarrolla Baltasar Castiglione en *El Cortesano* (IV, 5): «Y más, si el Cortesano es tan viejo que le desconvenga usar la música, las fiestas, los juegos, las armas y otras habilidades de la persona, ni aún con todo eso se puede decir que le sea imposible ganar por vía destos medios la voluntad de su príncipe; porque aunque la edad quite la obra de todas estas cosas, no quita por eso el entendellas; y habiéndolas el hombre exercitado en la mocedad terná en ellas más perfecto juicio, y tanto más perfectas sabrá mostrallas a su príncipe» (2020, 500).

El mayor enemigo que tienen las guerras es que quien las ha iniciado piense que están ganadas de antemano. Pues a pesar de que se muestren empresas facilísimas y seguras las cosas se hallan sometidas a mil accidentes que provocan mayor desorden cuando a quien le toca enfrentarlos no se encuentra dispuesto con el ánimo y la fuerza suficiente, tal y como sería si desde el primer momento se hubiese preparado como si fuesen difíciles.

* * *

Advertencia que se apoya en uno de los principios clave del pensamiento de Guicciardini: la impotencia de la razón humana frente a la imprevisibilidad de las cosas del mundo. Si la aspiración de conducir cualquier empresa al resultado deseado manteniéndola al margen de imprevistos y accidentes resulta una ilusión vana para nuestro autor, mayor lo es cuando se refiere a la guerra. Pues para Guicciardini —como muestra en C 127 y 183— no hay realidad sometida con más fuerza al poder de los accidentes y al capricho de la fortuna que una guerra. El hombre de Estado prudente, por tanto, no debe dar nada por seguro y menos creer que una guerra está ganada de antemano.

A lo largo de once años he formado parte de los gobiernos de la Iglesia, gozando del favor de mis superiores y del pueblo, tanto que podría haber permanecido mucho más tiempo de no ser por los sucesos acaecidos en Roma y en Florencia el año 1527. No encontré cosa que favoreciese en mayor medida mi permanencia en el poder que actuar como si este no me importase. De tal modo que con este fundamento obraba sin servilismo ni sumisión haciendo aquello que convenía al cargo que ostentaba. Lo que me procuró tanta reputación que esta, por sí sola, me favoreció más y con mayor dignidad que cualquier compromiso, amistad o negocio.

* * *

Este consejo, expresión del interés de Guicciardini por entender la lógica que preside las relaciones de poder, es otro ejemplo del gusto de nuestro autor por las lecciones que encierran las paradojas: la mejor estrategia para permanecer en el poder es «actuar como si este no me importase». Como ha señalado Palumbo (Cfr. 2023), la reflexión de Guicciardini apunta hacia una idea de ética pública, de matriz meritocrática, que hace de la reputación del funcionario el resultado de su capacidad para desempeñar el cargo *sine ira et studio*, es decir, cumpliendo del mejor modo con «lo que convenía al cargo que ostentaba». La reputación, en este caso, se convierte en un instrumento de primera utilidad: es la llave que abre la puerta a la continuidad en el aparato del Estado con autonomía y poder por méritos propios, es decir, reduciendo en lo posible la necesidad de apelar a la voluntad o el favor de terceros para continuar participando del gobierno.

Casi siempre he visto que los hombres muy sabios, cuando tienen que decidir sobre algún asunto importante, proceden mediante distinciones, tomando en consideración dos o tres casos que pueden darse de forma verosímil, para apoyar en ellos la deliberación como si tuviera que darse alguno necesariamente. Tened en cuenta que se trata de una forma de obrar peligrosa, pues a menudo, o las más de las veces, sucede un tercer o cuarto caso que no se ha considerado, al cual no se ha ajustado, por tanto, la deliberación. Luego, decidíos por la opción más segura que podáis, considerando que puede suceder fácilmente aquello que se cree que no ha de ser, y no restringiendo los supuestos si no es por necesidad.

* * *

En opinión de Emilio Pasquini este consejo sobre la mejor manera de afrontar un proceso de toma de decisión tiene un claro objetivo polémico: el modo de razonamiento dilemático de Maquiavelo, cuya característica principal es la construcción de una cadena argumentativa que avanza eligiendo entre dos alternativas. Para Guicciardini, sensible a la variedad de lo particular, el riesgo de razonar procediendo a reducir al máximo la realidad, al punto de simplificarla en dos alternativas, radica en que la propia deliberación, incapaz de absorber todos los matices, se coloque fuera de la misma realidad objetiva (Cfr. 2023).

No puede considerarse sabio aquel capitán que inicia una batalla si no está movido por la necesidad o la certeza de contar con una gran ventaja. Porque se trata de un negocio muy expuesto a la fortuna y que acarrea consecuencias demasiado importantes si se pierde.

* * *

Consejo que sirve a Guicciardini para recordar que el resultado de una guerra es imprevisible y sus consecuencias pueden ser de gran gravedad. Razón por la cual todo capitán tiene la obligación de conducirse con extrema prudencia a la hora de decidir cuándo entrar en batalla si no quiere, por el contrario, ser tomado por un militar temerario o insensato. En *Del arte de la guerra* Maquiavelo también asume esta posición como una de las «reglas generales» que deben ser observadas por todo hombre de armas que aspire a conducirse de manera prudente y sabia en materia ciencia militar: «Los buenos generales nunca entablan combate si la necesidad no los obliga o la ocasión no los llama» (2003, 193).

No quiero que los hombres renuncien a sus charlas cotidianas, ni a conversar con agradable y amorosa familiaridad. No obstante, también digo que es prudente no hablar de asuntos propios si no es por necesidad. Y cuando se habla de ellos, solo dar cuenta de aquello que sirve al razonamiento o propósito del momento, reservando siempre para uno mismo todo lo que pueda evitar decir. Obrar de otro modo resulta más grato, pero es más útil hacerlo así.

* * *

El arte de medir las palabras y administrar el secreto es una técnica defensiva que el cortesano debe aprender para sobrevivir en la corte, dado que la información es poder y la corte el espacio en el que la competición entre los hombres se manifiesta en una de sus formas más sofisticadas. Dado el carácter fatuo y vanidoso de los hombres, Guicciardini se hace cargo de que les resulta «más grato» abrirse a los demás y airear sus negocios para darse pisto que proceder con reserva. No obstante, la supervivencia en la corte exige conducirse con prudencia. De una parte, el cortesano debe evitar hablar demasiado de sí mismo y revelar información que ponga en peligro sus intereses. De otra, debe eludir cerrarse demasiado para no perder la posibilidad de conquistar la confianza de los demás. El secreto del éxito, para Guicciardini, reside en evitar ambos extremos dando cuenta tan solo de «aquello que sirve al razonamiento del momento».

Los hombres siempre elogian en los demás la prodigalidad en el gasto, el proceder en sus acciones de manera generosa y espléndida. A pesar de ello, la mayoría no observa esta conducta cuando se trata de ellos mismos. Por tanto, medid los asuntos propios con arreglo a vuestras posibilidades y el grado de utilidad que sea honesto y razonable. Aún más, no os dejéis arrastrar a obrar de manera distinta por la opinión y las palabras del vulgo, en la creencia de poder recibir alabanza y ganar reputación. Pues, a la hora de la verdad, no elogian en los demás lo que no observan en su conducta.

* * *

Advertencia orientada a recordar que los hombres, por regla general, juzgan con una vara de medir distinta los actos propios y los ajenos. Remite, por tanto, al resto de consejos en los que Guicciardini subraya que los hombres no actúan con arreglo a una concepción del bien y el mal objetiva, sino fabricada a la medida de sus intereses. En opinión de Pasquini la reflexión de Guicciardini, inspirada en un sentido del límite del gusto burgués, encierra una crítica despiadada de la ética caballeresca que mide los comportamientos no en función de su utilidad, sino con arreglo a la magnificencia y liberalidad del gesto (Cfr. 2023).

No se puede, en efecto, proceder siempre con una misma regla fija e indistinta. Si bien muchas veces resulta inútil sincerarse en una conversación, *etiam* con amigos —me refiero aquí a las cosas que merece la pena mantener en secreto-, de otro lado, hacer que los amigos adviertan tu reserva hacia ellos conduce a que ellos se comporten contigo de igual manera, pues nada hace que los demás se fíen de ti como el hecho de presuponer que tú te fías de ellos. Luego, si no te sinceras con los demás, te privas de la facultad de saber lo que piensan. Pero en esto, como en tantas otras cosas, urge proceder distinguiendo la condición de las personas, los casos y los tiempos, para lo que es necesaria la discreción. La cual, si no te ha sido dada por naturaleza, pocas veces se aprende tanto que baste a través de la experiencia. Y, desde luego, jamás con los libros.

* * *

Elogio de la «discreción» como principio epistemológico que conduce a una reflexión de fondo sobre la utilidad de las relaciones de amistad. Orillando la lección de Séneca —para quien la verdadera amistad nunca descansa en la idea de ventaja— la reflexión de Guicciardini, que enlaza con su preocupación general sobre la gestión del secreto, invita a considerar que incluso las relaciones de amistad pueden estar sujetas a un cálculo de pérdidas y ganancias en busca del mayor grado de utilidad. Y siempre a partir de un axioma: dado que la amistad se funda en la confianza, quien no se abre no tiene acceso a saber lo que piensan los demás.

Sabed que quien gobierna al azar se abandona a su suerte. El camino recto es pensar, examinar, considerar bien cada cosa como también las más pequeñas e insignificantes. E incluso obrando así resulta difícil conducir bien los asuntos. Pensad, por tanto, cómo le va a quien se deja arrastrar por la corriente.

* * *

Consejo que remite a la idea clásica de origen platónico –*La república* (487b-502c)– de la nave como metáfora del Estado que el político tiene la obligación de mantener a flote y llevar a buen puerto. Escrito para la redacción C de 1530, cuando el gobierno popular de Florencia había alcanzado sus mayores cotas de radicalismo, la obra de Platón puede leerse a la luz del desprecio de Guicciardini por el pueblo como actor político, al que consideraba ignorante y carente de criterio político: «y no entienden tampoco que el buen piloto tiene necesidad de preocuparse del tiempo, de las estaciones, del cielo, de los astros, de los vientos y de todo aquello que atañe al arte si ha de ser en realidad jefe de la nave» (2024, 404). En las *Considerazioni* Guicciardini también utiliza la imagen del pueblo como multitud que se deja arrastrar por la corriente: «la multitud ha sido asimilada a las olas del mar, las cuales van de aquí para allá en función del viento que sopla, sin regla alguna, sin ninguna firmeza. En suma, no puede negarse que el pueblo, por sí mismo, no es más que un arca de ignorancia y confusión» (1970, Vol. I, 655-656).

Cuanto más te apartes del centro para huir de uno de los extremos, tanto más caerás en el extremo que temes o en otro igual de pernicioso. Y cuanto más fruto quieras sacar de aquello de lo que gozas, mucho antes termina el goce y el fruto. *Verbigratia*, un pueblo que goza de libertad, cuanto más la quiere usar tanto menos la goza y tanto más cae antes o en la tiranía o en un régimen que no es mejor que la tiranía.

* * *

Advertencia de inspiración aristotélica sobre el movimiento pendular que condena a ir de un extremo a otro a los pueblos que pierden de vista que la virtud política se encuentra en el centro, entendido como justo medio. La reflexión de Guicciardini —que mira a los excesos cometidos por el gobierno popular florentino del periodo 1527-1530 en nombre de la libertad, los cuales terminaron por allanar el camino al retorno de la tiranía de los Medici— se formula aquí como una ley de la política. Y encuentra su desarrollo más completo en la *Storia d'Italia*: «está en la naturaleza de los hombres, cuando se liberan de un extremo al que han sido sujetados con violencia, correr de forma voluntaria, sin pararse en el medio, al otro extremo; que también se puede llamar justamente tiranía, porque un pueblo es similar a un tirano cuando da a quien no lo merece, cuando quita a quien lo merece, cuando confunde los grados y distinciones de las personas; y su tiranía resulta tanto más pestífera por cuánto es más peligrosa la ignorancia, pues esta no encuentra ni el peso, ni la medida, ni la lógica de la maldad, que hasta se conduce con alguna regla, con algún freno, con algún término» (1980, Vol. II, 216).

Todas las ciudades, todos los Estados, todos los reinos son mortales. Todas las cosas, ya sea por naturaleza o por accidente, terminan y acaban algún día. Por ello, el ciudadano que se encuentra ante el final de su patria no debe dolerse tanto de la desgracia que sufre esta y llamarla desafortunada, como de la suya propia. Pues a su patria le sucede aquello que de todos modos le iba a suceder, mientras que la desgracia es de quien le toca nacer en el tiempo en el que tal infortunio aviene.

* * *

El tono amargo que la reflexión guicciardiniana adopta en la redacción C de 1530 no puede leerse al margen de la profunda crisis existencial que el ciclo de las Guerras de Italia provoca en la clase política y cultural italiana, cuyos señoríos, repúblicas y principados vieron desaparecer ante sus ojos la libertad y autonomía de la que gozaron durante hasta finales del siglo XV. Como ha señalado la crítica (Cfr. Palumbo 2023; Pasquini 2023; Varotti 2016; Masi 1994), la idea que considera los cuerpos políticos sometidos a la ley de decadencia de la naturaleza encuentra muchos puntos de referencia en la cultura clásica, desde el Libro del Eclesiastés hasta Petrarca. No obstante, la idea de inspiración naturalista que Guicciardini utiliza para abrir este aviso de manera solemne remite, sobre todo, a dos fuentes. La primera es un paso de inspiración tomista de la *Divina Comedia* de Dante (Paraíso XVI 76-78): «Si contemplas a Luni y Urbisaglia / cuál se fueron, y cuál sigue su paso / las ciudades de Chiusi y Sinigaglia, / oír de los linajes el fracaso / no te parecerá nuevo ni fuerte, / pues las urbes también tienen su ocaso. / A toda vida aguárdale su muerte, / como a vosotros; pero al ser alguna larga. / la vuestra —corta— no lo advierte» (2012, 516). La segunda remite a los *Discursos* de Maquiavelo

(III, 1): «Nada hay más cierto que el hecho de que todas las cosas del mundo tienen un final, pero, en general, las que cumplen enteramente el ciclo que les ha sido asignado por los cielos son las que no han desordenado su cuerpo, sino que lo tienen regulado de modo que no se cambia, y, si se altera, es para recibir salud y no daño» (2024, 341).

A los hombres que no gozan de la posición que desean se les consuela con el siguiente consejo: «Mirad detrás y no delante»; esto es, mirad cuántos más son los que están peor que vosotros que los que están mejor. Se trata de un dicho muy cierto que debería servir a los hombres para contentarse con su condición. Pero es difícil que así sea, pues la naturaleza nos ha puesto el rostro de tal modo que no podemos dejar de mirar hacia delante sino con esfuerzo.

* * *

El pensamiento de Guicciardini, fuertemente influido por la lectura de Tucídides, concede un lugar privilegiado a las pasiones como los mecanismos psicológicos que activan la acción política. La ambición —entendida como impulso natural que lleva a los hombres a desear mejores condiciones o más poder— destaca como una constante antropológica que determina el comportamiento humano. Puede poner a los hombres al servicio de los más altos ideales o hacer de ellos seres inquietos y envidiosos que no se contentan fácilmente con su condición, de modo que sus consecuencias son inciertas. La ambición puede ser el origen de obras generosas y excelsas, pero también fuente de desórdenes y conflictos cuando degenera en *hybris* o desmesura (véase 4). Según Varotti (Cfr. 2016) la frase que cierra el consejo remite al *topos* clásico humanista de «de hominis dignitate» que encuentra una de sus fuentes principales en un fragmento célebre de las *Metamorfosis* de Ovidio (I, 84-86): «Y mientras los demás animales miran inclinados a la tierra / [el creador] dio al hombre un rostro levantado y le ordeno que mirara / al cielo y levantara el rostro hasta las estrellas (2024, 74).

No se puede censurar a quienes alargan la toma de una decisión. Pues si bien suceden cosas que precisan de una resolución rápida, por lo común yerra más quien toma las decisiones rápido que quien las toma de manera pausada. Lo que sí merece reproche es la lentitud en la ejecución una vez se ha tomado la decisión, pues perjudica siempre y no beneficia nunca salvo por accidente. Os lo digo para que lo tengáis en cuenta, pues son muchos los que yerran en este punto ya sea por desidia, por evitar molestias o por cualquier otra razón.

* * *

Para Guicciardini el proceso de toma de decisión por excelencia —aquel que mejor se ajusta al ideal de prudencia como la capacidad de discernir lo que conviene en cada circunstancia— es el que resuelve evitando caer en dos extremos peligrosos. De un lado —como señala este consejo— quien decide debe huir siempre que sea posible de la precipitación, pues quien se conduce de manera irreflexiva corre el riesgo de perder de vista factores cuya omisión pueden acarrear graves consecuencias. De otro lado, también debe abandonar la ilusión de alcanzar la decisión perfecta, es decir, aquella que garantiza la máxima seguridad sobre los efectos. Pues puede traducirse en un impulso paralizador. Por no decir que en un mundo donde los resultados de las acciones humanas son imprevisibles, dicha búsqueda de perfección se revela como una quimera que desborda los dictados de la prudencia.

No perdáis de vista esta máxima en vuestros negocios: no basta con darles principio, dirección y movimiento, sino que resulta necesario seguirlos y no perderlos de vista hasta su conclusión. Y quien así los acompaña no hace poco por conducirlos hasta su perfección. Quien negocia sus asuntos de otra manera los presupone terminados cuando en realidad apenas han echado a rodar o comienzan a enfrentar sus primeras dificultades. Pues tanta es la negligencia, la inconsistencia, la maldad de los hombres, como tantos son los impedimentos y las dificultades que por su propia naturaleza encuentran las cosas en su camino. Haced bueno este consejo: en algunas ocasiones me ha procurado gran honor, como gran vergüenza a quien ha hecho lo contrario.

* * *

Aunque en la formulación de Guicciardini este consejo no parece restringido a una esfera profesional en particular, en opinión de Pasquini (Cfr. 2023) se trata de una advertencia dirigida a los gobernantes que no siempre pueden, por distintos motivos, administrar y conducir los asuntos de Estado personalmente. La invitación de Guicciardini a vigilar su desarrollo, para no quedar a merced de la incompetencia o los accidentes, recuerda a la recomendación que Maquiavelo hace en *El Príncipe*. Conviene que el príncipe cuando no esté adornado por el tipo de inteligencia que permite hacer y entender las cosas por sí solo, sí tenga la propia de quien es capaz de evaluar lo que otro comprende y hace: «pues siempre que alguien tiene el talento para discernir lo bueno o lo malo de las cosas que otro hace y dice, aunque por sí mismo carezca de la inventiva para llegar a ellas, identifica las acciones buenas y malas de su ministro, alaba las primeras y corrige las segundas. De esta forma el ministro no puede esperar engañarlo y, en consecuencia, se esfuerza por seguir siendo buen servidor» (2023, 145).

Quien conspira contra el Estado tenga en cuenta sobre todo que no debe recurrir a cartas, porque son interceptadas a menudo y constituyen una prueba de cargo que no se puede negar. Y si bien hoy existen muchos modos de escritura cifrada, también está a la orden del día el arte de descifrar. Resulta más seguro utilizar hombres de confianza antes que cartas; si bien estas acciones resultan muy difíciles y peligrosas para los ciudadanos particulares, dado que no tienen muchos hombres a quienes encomendar la tarea. Y tampoco se pueden fiar demasiado de los pocos que disponen, pues hay mucho beneficio y poca pérdida en engañar a un particular para complacer a un príncipe.

* * *

Advertencia con la que Guicciardini cierra su ciclo sobre las conjuras (véanse 19 y 20) en la que advierte de nuevo sobre los peligros que esperan a quien las organiza. La conclusión guarda el eco de las palabras de Maquiavelo en *El Príncipe* sobre el mismo tema: «y tan pronto como descubres tus intenciones a un descontento, le das motivo para contentarse, ya que, si denuncia la maquinación, puede esperar todo tipo de recompensas» (2023, 124). Según Varotti (Cfr. 2016), la reflexión de Guicciardini tiene una clara matriz biográfica y remite a su experiencia como gobernador de Modena y Reggio Emilia, periodo en el que participó en al menos dos conjuras, las cuales resultaron fallidas, contra el duque de Ferrara Alfonso I d'Este.

Si bien es cierto que es necesario afrontar cada asunto de forma ponderada, no por ello debe exagerarse la dificultad de las cosas, al punto que el hombre, creyendo no poder lograrlo, quede paralizado. Al contrario, hay que recordar qué cosas se van mostrando más fáciles a medida que se tratan. Así como, qué conviene hacer para que las dificultades por sí mismas se diluyan. Esto resulta tan cierto que quien obra así lo comprueba. Si el papa Clemente lo recordase, conduciría a menudo sus negocios con mayor acierto y reputación.

* * *

El pontificado de Clemente VII (1523-1534) fue acogido con gran esperanza dado que Giulio de Medici, hijo natural de Giuliano de Medici, había dado muestras de saber conducirse en materia de Estado cuando en 1519 se convirtió *de facto* en el señor de Florencia tras la muerte de Lorenzo de Medici, duque de Urbino. No obstante, la trayectoria de su pontificado, tanto en materia religiosa como política, fue errática y vacilante debido a la dificultad que Clemente VII mostró como papa para tomar decisiones y ajustarse a sus consecuencias. No por casualidad, en la *Storia d'Italia* Guicciardini hace de la falta de resolución de Clemente VII uno de los *leitmotiv* que explican la derrota final de la Liga de Coñac y la práctica sumisión de los Estados de Italia a la política imperial de Carlos V.

Fig. 6: *Retrato de Clemente VII* (1531) por Sebastiano del Piombo (Museo J. Paul Getty, Los Ángeles). Se trata del segundo retrato que el artista realiza del mismo papa (véase pag. 160) y que expresa con maestría el cansancio y la tristeza que caracterizan a Clemente VII tras el *sacco* de Roma y la derrota definitiva de los Estados Pontificios en las Guerras de Italia a manos del emperador Carlos V.

Quien se encuentra al servicio de un príncipe y desea obtener gracias o favores para sí o para sus amigos, ingénieselas como pueda para no tener que pedir directamente a menudo, sino que busque o espere la ocasión de proponerlo e introducirlo con inteligencia, pues cuando esta se presenta hay que cogerla al vuelo y no dejarla escapar. El que obra de este modo conduce su negocio con mucha mayor facilidad y con menor fastidio para el príncipe. Y alcanzado un objetivo, gana crédito y mayor libertad para poder obtener más.

* * *

Consejo sobre la vida cortesana que toca el arte de obtener gracias y favores del príncipe con la mayor economía y eficacia. Según Pasquini, el método que Guicciardini ofrece consiste en desarrollar la destreza para no pedir favores directamente, ni a título personal, ni de manera precipitada. El secreto del éxito del buen cortesano consiste, por el contrario, en proceder con paciencia e interpretar los humores del príncipe. Y llegado el momento justo, saber plantear el negocio de tal manera que la gracia del príncipe parezca que viene de manera indirecta. De este modo el cortesano puede conseguir su objetivo dejando su crédito intacto para perseguir nuevos beneficios de su señor (Cfr. 2023).

Cuando los hombres advierten que tu situación de necesidad te conduce al punto que ellos quieren, te estiman y consideran poco. Pues, por lo común, el respeto por su interés particular o su maldad se imponen a tu razón, tus méritos, las obligaciones adquiridas para contigo o el considerar que quizás has caído en esa circunstancia adversa por defender su causa o darles satisfacción. Luego, evitad esta situación como quien evita el fuego. Y si los hombres tuviesen grabado en su corazón este consejo serían muchos los exiliados que estarían en otra situación. Puesto que no les beneficia tanto haber sido expulsados por apoyar a este u otro príncipe, como les perjudica el hecho de que el príncipe, viéndolos fuera, diga: «Esta gente no puede hacer nada sin mí» y les trate a su manera, sin el debido respeto.

* * *

Advertencia que pertenece a la cosecha de la redacción C y que permite interpretar la alusión de Guicciardini a la suerte de los exiliados políticos como una reflexión a la luz de la turbulenta experiencia de la política Florentina, en la que los cambios de régimen solían conllevar el destierro de una buena parte de los opositores al nuevo gobierno de la ciudad. La reflexión de Guicciardini, por lo demás, recuerda que las relaciones humanas también son relaciones basadas en el interés y que descansan en equilibrios de fuerza de naturaleza precaria. La idea de que quien puede —porque tiene una posición de fuerza— hace prevalecer su interés sobre las razones, méritos u obligaciones adquiridas recuerda al pasaje de la *Historia de la guerra del Peloponeso* de Tucídides en la que los atenienses hacen notar a los melios que el derecho, como instrumento que regula las relaciones entre sujetos, solo prevalece en igualdad de condiciones (V, 89): «Lo sabemos igual que lo sabéis vosotros: en el cálculo humano, la justicia solo se plantea entre fuerzas iguales. En caso contrario, los más fuertes hacen todo lo que está en su poder y los más débiles ceden» (2019, 541).

Quien haya de tratar con el pueblo asuntos difíciles o que encuentran gran resistencia advierta, si el caso lo consiente, que es mejor abordarlos por separado y no mentar el segundo hasta haber llevado el primero a buen puerto. Pues de este modo, puede suceder que quienes se oponen a un asunto no muestren resistencia a otro; mientras que cuando son tratados de manera conjunta, se hace necesario que se oponga a todos a quien solo disgusta uno. Y si Piero Soderini hubiese sabido obrar de este modo cuando quiso reestablecer la ley del Consejo de los Cuarenta habría conseguido aprobarla y quizás, con ella, establecer el gobierno popular. Y este consejo, de tragar el fruto amargo en más de un bocado cuando es posible, sirve a menudo tanto a los asuntos privados como a los públicos.

* * *

Piero Soderini, exponente de una de las principales familias florentinas, fue elegido gonfaloniero vitalicio de la República de Florencia en 1502 y ocupó el cargo hasta 1512, año en que el retorno de los Medici provocó su exilio. El Consejo de los Cuarenta (*Quarantia*) era un tribunal especial elegido por sorteo e instituido para juzgar delitos políticos graves siguiendo el modelo del sistema constitucional veneciano, donde esta magistratura operaba como una suerte de Corte Suprema. En el *Discorso di Logrogno* —escrito en 1512 durante su embajada en España— Guicciardini cuenta que la causa principal del fracaso de la reforma de la *Quarantia* florentina —a cuya utilidad no se opone el líneas generales—, fue la sospecha, presente en muchos opositores al gobierno popular, de que Soderini ambicionaba aumentar su poder bajo la forma de una ley para proteger el Estado de desórdenes y conspiraciones: «les disgustaba, sobre todo, que [Soderini] promulgase leyes para perseguir los delitos de los demás y él quedase exento, sin nadie por encima; dado que se había arrogado muchas competencias que quedaban fuera de la ley y de las normas que regían la buena convivencia ciudadana» (1970, Vol. I, 290). La sustancia del consejo, «tragar el fruto amargo en más de un bocado cuando es posible» puede considerarse un mecanismo para neutralizar la posibilidad de que la oposición, dividida y enfrentada en función de intereses, se convierta en un bloque unido que paralice la acción del gobierno.

Tomad por cierto que en todos los asuntos, públicos o privados, la clave para poder sacarlos adelante es saber abordarlos por el lado justo. Luego, abordar una misma cuestión por un lado o por otro es la clave para conducirla a buen puerto o no.

* * *

Consejo que remite implícitamente al concepto de «discreción». Se trata de un concepto clave —inspirado en la definición que Dante ofrece en el *Convivio* de Dante (véase 2)— del particular lenguaje ético-político que desarrolla Guicciardini en su pensamiento. Alude a la capacidad de elaborar un criterio de orientación a través de un proceso de cribado de la información recibida distinguiendo lo esencial de lo accidental para entender el fin al que están ordenadas las cosas. Solo así resulta posible abordarlas por «el lado justo» y hacerlas llegar a buen puerto.

Cuando queráis simular o disimular vuestra intención esforzaos siempre en mostrar —esgrimiendo al efecto las razones más poderosas y eficaces que podáis—, que tenéis en vuestro ánimo hacer lo contrario. Pues cuando los hombres creen que actuáis con arreglo a la razón, se persuaden con facilidad de que vuestras decisiones siguen el dictado de esta.

* * *

En este consejo Guicciardini pone al servicio del arte de la simulación y la disimulación la sustancia de su reflexión antropológica sobre las motivaciones de las acciones humanas. Para Guicciardini —véase 128 y 151— los hombres no actúan solo conforme a un cálculo racional *more geometrico*, sino que obran determinados por sus hábitos y costumbres, cuando no dominados por las pasiones. No obstante, viven persuadidos de que las acciones humanas son más verdaderas, en el sentido de menos determinadas por el interés personal de quien las secunda, cuanto más se fundan en argumentos de carácter racional. De aquí que la mejor manera para esconder una intención es defender la racionalidad de la opción contraria.

Una de las maneras para convertir en partidario de cualquiera de vuestras empresas a quien de otro modo se opondría consiste en darle un papel principal, en hacerle, por así decirlo, autor o promotor de la misma. Este es el camino para ganarse, en especial, a las personas ligeras. Pues son muchos en quienes esta sola vanidad puede tanto que los lleva a tenerla más en cuenta que a los aspectos sustanciales que deberían atender en las cosas.

* * *

Consejo sobre el arte de manipular a las personas que aconseja ganarse el favor de terceros cultivando su vanidad cuando no cabe la persuasión racional. Se trata de una reflexión que proyecta una idea de la naturaleza humana en la que los hombres aparecen como seres engreídos y fatuos, dominados por una presunción infundada, que a la postre los convierte en sujetos débiles y manejables. Pues su soberbia les conduce a tener un concepto tan alto de sí mismos que les distrae de la tarea de entender y atender las cosas realmente importantes que se dirimen en los negocios que emprenden.

Quizás parezca un dicho malvado o sospechoso, y pluguiera a Dios que no fuese cierto: son más los hombres malos que los buenos, máxime donde hay en juego intereses económicos y políticos. Luego, con excepción de aquellos que por experiencia o por informes dignísimos de crédito sabéis buenos, no yerra quien negocia con todos con los ojos bien abiertos. Y resulta prudentísimo hacerlo de modo que no os ganéis fama de desconfiados. Pero lo esencial es que no os fieis si no veis la posibilidad de poder hacerlo.

* * *

Consejo sobre la condición humana cuyo pesimismo antropológico está en armonía con el tomo de amargura y desilusión que caracteriza la última redacción C de los *Ricordi*. La reflexión de Guicciardini recuerda a un famoso pasaje de los *Discursos* de Maquiavelo, obra que nuestro autor había leído y estudiado cuando llevó a cabo la redacción C de los *Ricordi* en Roma en la primavera de 1530, mientras las tropas imperiales mantenían Florencia bajo asedio (I, 3): «Como demuestran todos los que han meditado sobre la vida política y los ejemplos de que está llena la historia, es necesario que quien dispone una república y ordena sus leyes presuponga que todos los hombres son malos, y que pondrán en práctica sus perversas ideas siempre que se les presente la ocasión de hacerlo libremente» (2024, 45).

Quien se venga de modo que el ofendido no sabe de dónde procede el mal que sufre, no se puede decir que lo haga para otra cosa que no sea dar satisfacción a su odio y rencor. Resulta más noble, por tanto, vengarse abiertamente de modo que todos sepan la causa. Así se podrá saber que no lo hace tanto por odio o sed de venganza, cuanto por honor. A saber, para ser conocido como una persona de tal naturaleza que no tolera las injurias.

* * *

Como ha destacado Varotti (Cfr. 2016), Guicciardini desarrolla una suerte de «antropología civil» que tasa el valor de las acciones humanas con relación a su utilidad para conseguir reputación. Desde esta posición, sensible al papel de la imagen pública en la vida civil, la venganza debe ser sustraída del dominio de las pasiones y sometida a un proceso de cálculo para obtener la mayor eficacia en su ejecución. De modo que quien se contenta con la satisfacción del daño y ofensa recibida en privado, es decir, sin preocuparse por su correcta publicidad, desaprovecha una oportunidad de oro para convertirla en una acción notoria que procura honor y gloria.

Cuídense los príncipes de llevar a sus súbditos a una situación próxima a la libertad. Pues los hombres desean ser libres por naturaleza y es norma en cualquiera no estar contento con su estado, sino tratar de mejorar su posición siempre. Y estos deseos pueden más que la memoria de la amistad y de los beneficios que han recibido del príncipe.

* * *

Advertencia que da continuidad al diagnóstico de Guicciardini sobre uno de los principales errores que atribuye al gobierno de los Medici en Florencia: conservar prerrogativas y formas de un gobierno popular para intentar ganar el favor del pueblo. Como el propio Guicciardini recordaba en 21, ningún gesto de apertura en sentido popular podía extinguir el deseo de libertad de los florentinos: «Pues si bien placían a la mayoría, no eran consideradas suficientes, pues, de otro lado, en el corazón de los hombres aún albergaba tal deseo de volver al Gran Consejo que ninguna benignidad, ninguna dulzura, ningún favor que se concediese al pueblo bastaba para erradicarlo». Se trata, en general, de una reflexión sobre la dificultad que enfrenta el príncipe nuevo para asentar su poder en aquellos Estados que están acostumbrados al *vivere libero*. Sobre todo a sabiendas de que, como apuntase Maquiavelo en *El Príncipe*, la introducción de cualquier principio popular acrecienta, en vez de apagarlo, el apetito de mayor libertad, «en tanto que una mutación deja siempre puesta la base para le edificación de otra» (2023, 49).

No se puede hacer nada para que los ministros no roben. Yo he sido honestísimo y he tenido gobernadores y otros ministros bajo mi mando, pero a pesar del celo que he puesto y el ejemplo que les he dado no ha sido suficiente. La razón reside en que el dinero sirve para todo y que en estos tiempos se valora más a un hombre rico que a uno bueno. Y lo causa tanto más la ignorancia o la ingratitud de los príncipes, que toleran a los deshonestos y a quien les ha servido bien no le dan mejor tratamiento que a quien ha hecho lo contrario.

* * *

Advertencia del gusto del escepticismo guicciardiniano que recoge en un solo texto la denuncia de la avaricia de los políticos, la torpeza de los príncipes y la admiración que en el mundo moderno despiertan los hombres ricos, con independencia del origen de su fortuna. Como ha señalado Emilio Pasquini, la reflexión de Guicciardini mantiene la pasión y el pulso ético de su *Defensoria,* oración escrita en septiembre de 1527 tras abandonar Florencia después de resultar absuelto de la acusación de haber malversado dinero público y de haber permitido el saqueo y el pillaje de las tropas imperiales en el territorio del Estado de la República de Florencia (Cfr. 2023).

He participado hasta en dos ocasiones en empresas impor-
tantísimas con grandísima autoridad sobre los ejércitos, y
he llegado, en efecto, a la siguiente conclusión: que si son
ciertas —como en gran parte yo mismo creo— las cosas que
se escriben sobre la milicia antigua, esta de hoy es una sombra en comparación con aquella. Los capitanes modernos
carecen de virtud, no tienen industria; proceden sin arte,
sin estratagemas, como quien marcha a paso lento por un
camino principal. Al señor Prospero Colonna, capitán de
la primera empresa, quien me decía que yo no había estado
jamás en guerra alguna, le dije —sin que estuviese fuera de
lugar—, que me dolía no haber aprendido nada tampoco en
esa ocasión.

* * *

La causa de Guicciardini contra los ejércitos modernos coincide
con el elogio que Maquiavelo hace en *Del arte de la guerra* de la
virtud de los ejércitos antiguos. Como ha observador Varotti (Cfr.
2016) se trata de una de las raras ocasiones en las que Guicciardini, reacio por naturaleza a mitificar las lecciones del pasado, propone como modelo positivo un ejemplo traído de la Antigüedad.
Nótese que Guicciardini fue comisario del ejército papal en 1521,
en la guerra contra Francisco I de Francia que hizo del papa León X
aliado de Carlos V, bajo el mando de Prospero Colonna, con el
resultado del asedio y ocupación de Parma y Milán. Entre 1526 y
1527 fue lugarteniente de los ejércitos papales que participaron
en la Liga de Cognac frente al ejército imperial de Carlos V.

No quiero discutir qué sería más útil a nuestros cuerpos: si servirse de los médicos o no hacerlo, como hicieron los romanos durante mucho tiempo. Pero sí afirmo que bien sea por la dificultad de la cosa en sí o por la negligencia de los médicos —que deberían ser muy diligentes y vigilar bien cualquier pequeño síntoma del enfermo—, los médicos de nuestro tiempo no saben curar más que enfermedades comunes, de forma que su ciencia no llega más allá que a un par de fiebres tercianas. Pero cuando la enfermedad se sale de lo normal, medican a ciegas y por azar. Sin contar con que el médico, sea por su ambición como por la competencia que hay entre sus pares, resulta un animal pésimo, sin conciencia y sin respeto. Y como tiene la seguridad de que sus errores son difícilmente demostrables, bien para exaltarse o para degradar a un igual, causan todo tipo de estragos a nuestros cuerpos.

* * *

Diatriba guicciardiniana contra los médicos que se inspira en la tradición literaria del humanismo contra la medicina y sus pretensiones científicas. Esta tradición encuentra su arquetipo en la *Invective contra medicum* de Petrarca, obra que data del año 1340 y en la que el escritor de Arezzo ataca la aspiración de los médicos a equiparar su profesión a las artes liberales. En dicha obra Petrarca recomienda al papa Clemente VI (1342-1352) encomendarse a un solo médico para no sufrir las consecuencias de quien se somete a diagnósticos opuestos y tratamientos contradictorios (Cfr. Masi 1994). La obra de Petrarca fue traducida al castellano y publicada en 1492 por el obispo de Ávila Hernando de Talavera.

Es una locura hablar de astrología, es decir, de la práctica que juzga las cosas futuras: pues o tal ciencia no es verdadera o sus fundamentos no pueden conocerse o escapa a la inteligencia humana. La conclusión, en todo caso, es que es un sueño pensar que el futuro puede ser conocido por esa vía. Los astrólogos no saben lo que dicen y no adivinan si no es de casualidad. Al punto que si tomamos un pronóstico de cualquier astrólogo y otro de un hombre cualquiera hecho al azar, este no tiene menos posibilidades de acertar que aquel.

* * *

Advertencia que parte de la distinción entre astrología y astronomía, entre la ciencia que pretende juzgar los hechos futuros y la ciencia que observa los movimientos de los astros (Cfr. Varotti 2016). El ataque de Guicciardini contra la astrología se ajusta de manera natural a su escepticismo sobre la capacidad de la razón humana para prever el desarrollo de las «cosas del mundo». No obstante, también se inscribe en una tradición literaria del *Quattrocento* italiano que critica con severidad las pretensiones científicas de la astrología y que encuentra dos de sus manifestaciones más vigorosas en la obra *Disputationes adversus astrologiam divinatricem* de Pico della Mirandola y en *Contro gli astrologi* de Girolamo Savonarola (Cfr. Palumbo 2023). Nótese, en todo caso, que a pesar de su ataque a la astrología Guicciardini guardaba con celo su propio horóscopo personal (Cfr. Pasquini 2023).

Hoy en día la ciencia de la ley se ve empobrecida de tal modo que en la resolución de una causa se otorga mayor crédito a un argumento de autoridad que a un razonamiento sólido. De aquí se sigue que los doctores que ejercen la profesión se vean obligados a leer a todo aquel que escribe sobre la materia, de modo que el tiempo que deberían dedicar a especular se consume en leer libros para fatiga del cuerpo y del espíritu. Al punto que parecen antes mozos de carga que hombres doctos.

* * *

Polémica de Guicciardini contra la práctica de la ciencia jurídica, es decir, de su propio campo de ejercicio profesional. En este caso, la crítica del peso adquirido por el argumento de autoridad puede leerse a la luz de un juicio más general contra el predominio del conocimiento libresco —a saber, formulado al margen de la experiencia o de un razonamiento propio—, en todos los campos del saber. Como ha señalado Matteo Palumbo, en este consejo la idea del conocimiento especulativo al que apela Guicciardini como fundamento de la práctica jurídica nada tiene que ver con la posibilidad de conjeturar sin conocimiento suficiente. Al contrario, remite a la idea de observar y examinar con detalle los fenómenos como se explica en la *Suma Teológica* de Tomás de Aquino, en la que especular significa razonar a través de la realidad fenoménica, es decir, de los casos concretos (Cfr. 2023).

Creo que las sentencias de los turcos, resueltas de forma rápida y casi al azar, no son peores que el tipo de procesos al que acostumbran los jueces entre los cristianos. Pues la duración de estos pesa tanto, dados los gastos y las molestias que acarrean a los litigantes, que quizás sería menos perjudicial recibir una sentencia desfavorable el primer día. Y si presuponemos que las sentencias de los turcos se resuelven a ciegas, de ello también se sigue que la mitad será justa a fin de cuentas. Sin contar con que quizás no sea menor la porción de sentencias injustas que se registra entre nosotros, ya sea por la ignorancia o por la malicia de los jueces.

* * *

Crítica del sistema judicial que mantiene el brío polémico de Guicciardini contra el ejercicio de la ciencia jurídica de su tiempo. La alusión a la célebre rapidez de los juicios entre los turcos, no exenta de cierto gusto por el orientalismo, sirve a nuestro autor como excusa para denunciar que en el orbe cristiano las garantías procesales no solo no aseguran sentencias más justas —dada la ignorancia y maldad que imputa a los magistrados—, sino que convierten los procesos en largos, penosos y caros. Al punto de hacer preferible «una sentencia desfavorable el primer día».

Poco y bueno, dice el proverbio. Resulta imposible que quien dice o escribe mucho no meta mucha paja. Lo poco, en cambio, puede ser digerible y conciso. Por tanto, quizá hubiera sido mejor elegir la flor de estos consejos en vez de acumular tanta materia.

* * *

Consejo particular que toma como materia de reflexión la propia escritura y organización de los *Ricordi* en el momento en el que la compilación se acerca a su fin. En este punto, el consejo viene a cumplir la función de elogio del ideal clásico de la «brevitas» como virtud narrativa. A saber, la perfección estilística que solo se alcanza con arreglo a un principio de economía y contención: evitando incurrir en lo superfluo e innecesario (Cfr. Varotti 2016).

Creo poder afirmar que los espíritus existen. Me refiero a lo que nosotros llamamos espíritus —esto es, seres etéreos que hablan familiarmente con las personas—, puesto que he sido testigo de tal experiencia que me parece estar en lo cierto. Sin embargo, me parece que sabe tan poco sobre cómo son y de qué naturaleza quien está persuadido de conocerlos como quien no les ha dedicado un solo pensamiento. Esto, y predecir el futuro, como se ve hacer de vez en cuando a alguno por arte o por inspiración, son poderes ocultos que corresponden o bien a la naturaleza o bien a aquella virtud superior que todo lo mueve. Evidentes para él, secretos para nosotros, de tal forma que escapan a la razón de los hombres.

* * *

En opinión de Giorgio Masi, el modo en que Guicciardini se refiere a los espíritus —a saber, como seres etéreos que hablan con las personas de modo doméstico o familiar— puede estar sugerida por uno de los tratados demonológicos que tradujo Marsilio Ficino, filósofo cercano al círculo de amistades del padre de Francesco Guicciardini como nuestro autor refiere en sus *Ricordanze*. En particular, por el *De Daemonibus* del filósofo neoplatónico del siglo XI Michele Psello (Cfr. 1994). Nótese, en general, que el razonamiento guicciardiniano que afirma la existencia de espíritus se hace compatible con un escepticismo de fondo, que niega a la razón humana la capacidad de conocer su naturaleza.

De las tres formas de gobierno —de uno, de pocos o de muchos— creo que el aristocrático sería el peor de todos para Florencia, porque no es natural, ni tampoco puede ser aceptado, como tampoco lo es la tiranía. De la ambición y discordias de sus miembros vendrían todos los males que son propios de la tiranía y aún más: pronto dividirían la ciudad sin procurar ninguno de los bienes propios del tirano.

* * *

Aviso sobre la mejor forma de gobierno para Florencia de clara inspiración aristotélica. Guicciardini toma de *La Política* de Aristóteles tanto la definición de los tres tipos de gobierno —el gobierno de uno, monarquía; el gobierno de pocos, aristocracia; el gobierno de muchos, república (III, 7, 1279b)—, como la idea en virtud de la cual cada pueblo muestra cierta disposición natural hacia una forma de gobierno. En particular, es el mismo Aristóteles quien define como principio general (III, 17, 1288a) que «la disposición a la tiranía no es conforme a la naturaleza» (2024, 186). El texto, por lo demás, remite a un paso célebre del *Dialogo*, obra que Guicciardini termina en 1525, en el que nuestro autor salda cuentas con la aristocracia florentina: «soy de la firme opinión, y así lo demostrará siempre la experiencia, que en Florencia es necesario que el gobierno esté en manos de uno solo o que esté completamente en manos del pueblo; mientras que cualquier forma intermedia será fuente de confusión y de tumulto diario. Esto me lo ha enseñado la experiencia de los tiempos pasados, en los cuales siempre que el Estado descansaba en manos de unos pocos ciudadanos la ciudad ha sufrido mil discordias» (1970, Vol. I, 317-318). El hecho de que este consejo se incorpore a la colección de los *Ricordi* en la redacción C de 1530 —mientras Guicciardini es testigo y víctima de la deriva radical del gobierno popular florentino— parece anticipar la definitiva toma de posición de nuestro autor a favor del gobierno de uno, del principado, como única alternativa al problema histórico del gobierno de Florencia y su Estado. El mismo Guicciardini formaría parte del restringido grupo de optimates que en 1532 votaron la reforma constitucional que puso fin a la república e inauguro el tiempo del principado, con los Medici como nuevos duques de Florencia.

En todas las decisiones e iniciativas humanas se presenta el problema de las razones que las desaconsejan, porque ninguna cosa es tan perfecta que no presente algún defecto; ninguna cosa tan mala que no contenga algo bueno, ni ninguna tan buena que no tenga algo malo. De ahí que muchos queden atrapados en la indecisión, porque cada pequeña dificultad les molesta: y estos son a los que se llaman de naturaleza cauta, porque muestran sus reservas en todos los casos. No es necesario obrar así, sino que, sopesados los inconvenientes de cada parte, hay que decidirse por los que sean menos gravosos. Teniendo presente que no se puede tomar partido que sea puro y perfecto en su conjunto.

* * *

Advertencia que vuelve sobre la materia tratada en 106 y 108: cuando se trata de las «cosas del mundo», sometidas por naturaleza a mil accidentes, no existe la decisión perfecta, es decir, libre de consecuencias indeseables. En este punto coincide con las palabras de Maquiavelo en el capítulo XXI de *El Príncipe*: «Que nunca crea un Estado que a poder tomar opciones seguras; ha de pensar, por el contrario, que todas las que habrá de tomar serán dudosas, porque el orden de las cosas trae siempre consigo que apenas se trata de evitar un inconveniente cuando ya se ha presentado otro. Ahora bien, la prudencia consiste en saber conocer la naturaleza de los inconvenientes y adoptar el menos malo» (2023, 143-144).

Todos tenemos defectos, quien más y quien menos. De aquí que no haya amistad, ni servidumbre, ni compañía que dure si uno no soporta al otro. Hay que conocerse mutuamente y, teniendo presente que por cambiar de persona no desaparecen todos los defectos, sino que se cae en los mismos o quizá peores, estar dispuestos a sobrellevarlos. Siempre, claro está, que se trate de cosas que se puedan tolerar o no sean de gran importancia.

* * *

Consejo de matriz cristiana sobre la imperfección humana que evoca el sentido de la sentencia bíblica «Ciertamente no hay hombre justo en la tierra, que haga el bien y nunca peque» (Eclesiastés 7:20). No obstante, la mejor clave de lectura para interpretar el pensamiento de Guicciardini no lo ofrecen la centralidad de preceptos cristianos como la caridad y el perdón, sino el principio de utilidad. Asumida la imperfección humana como un dato natural, el principio de utilidad —que remite, en última instancia, a la idea de autoconservación— invita a no afanarse en la busca de relaciones humanas libres de defectos, al mismo tiempo que somete el ejercicio de la tolerancia a un límite preciso: el cálculo o balance entre los beneficios y los perjuicios que se obtienen de cada relación.

¡Cuántas de las cosas que se hacen y son censuradas serían elogiadas si pudiéramos ver lo que hubiera sucedido de no ser hechas! ¡Cuántas de las que son elogiadas, por el contrario, que se criticarían! Por tanto, no corráis a reprender o ensalzar según la apariencia de las cosas y sobre aquello que salta a los ojos: si queréis que vuestro juicio sea cierto y ponderado es necesario considerar con mayor profundidad.

* * *

Consejo que invita a evitar los juicios superficiales que solo valoran las acciones en función de sus resultados. A saber, que no tienen en cuenta el campo de las posibilidades alternativas a la luz de los cuales las consecuencias que son criticadas o censuradas podrían adquirir un valor positivo. De ahí la llamada de Guicciardini —que remite a la metáfora del «buen ojo» de 76— a atender las razones profundas que explican las «cosas del mundo» para poder valorar las acciones y sus resultados en su justa medida.

216

En este mundo no se puede elegir la condición en la que ha de nacer el hombre, ni tampoco las circunstancias o la suerte con las que ha de vivir. Por eso, al elogiar o criticar a las personas se debe mirar no tanto la suerte de su condición, sino cómo se manejan en ella. Pues la alabanza o la censura de los hombres ha de nacer de sus comportamientos, no del estado en que se encuentran. Como en una comedia o tragedia, en la que no se aprecia más a quien interpreta el papel de señor o de rey que a quien hace de siervo, sino que solamente se considera quién lo interpreta mejor.

* * *

Elogio del mérito individual que aconseja reconocer el desempeño de cada persona en la circunstancia que le ha tocado en suerte con independencia del estado heredado. Se trata de un consejo vinculado al ideal guicciardiniano de un republicanismo de corte elitista que aspira a producir una nueva clase dirigente en función de su valía, conocimiento y experiencia. Así lo predica en el *Dialogo del reggimento di Firenze* cuando aborda la necesidad de articular mecanismos participativos que permitan a los más jóvenes o a las personas menos conocidas destacarse en el proceso de elaboración de las leyes de la República: «Tanto es así que la vida pública de esta ciudad ha sido hasta hoy de tal suerte que quien no ha nacido con la reputación de sus padres o de su casa no ha gozado de facilidades para darse a conocer; de ahí que la virtud de algunos no haya salido nunca a la luz o haya sido acallada más tiempo del conveniente, con gran perjuicio para la ciudad, pues pierde la ocasión de valerse de recursos que podría utilizar o porque no conociendo a los hombres a menudo emplea a quienes no están a la altura, con daño para el negocio; pero con estas medidas llegará con facilidad quien tenga que llegar (1970, Vol. I, p. 426).

No os preocupéis tanto de haceros enemigos o de molestar a otros, si por ello vais a descuidar lo que debéis hacer. Porque cumplir con el deber procura al hombre reputación y esto conviene más que el perjuicio que produce ganarse algún enemigo. Porque en este mundo es necesario estar muerto para no hacer cosas que ofendan a los demás de vez en cuando. No obstante, la misma virtud que sabe cuándo conviene beneficiar a otros enseña cuándo y cómo se debe perjudicar a un tercero. A saber, hacerlo con razones, a su debido tiempo, con modestia, con causa y con arreglo a formas honorables.

* * *

Consejo que advierte sobre la imposibilidad de satisfacer el interés particular sin ofender o molestar a terceros. La reflexión de Guicciardini, que remite a la imagen de un mundo donde cada sujeto persigue su propio interés, invita a asumir este mal menor a condición de que se subordine a una economía reputacional. De este modo, al igual que Guicciardini somete la acción de beneficiar a otros a un proceso de cálculo sobre cómo y cuándo hacerlo para obtener el mayor prestigio social, el daño a terceros que no se puede evitar también debe someterse a un examen minucioso para que su ejecución no comprometa la utilidad del buen nombre. En la alusión de Guicciardini a la necesidad de estar muerto para no molestar a alguien Emilio Pasquini (Cfr. 2023) hace notar la presencia de unos versos célebres de la *Divina Comedia* (Infierno III, 61-67) en los que Dante critica a los hombres indolentes: «Quién era aquella turba supe al cabo: / gente que no sirvió, dubitativa, / ni a Dios ni al diablo en propio menoscabo. / Torpe gente, que nunca estuvo viva, / a moscones y avispas, que hacen presa / en su cuerpo desnudo, mal esquiva. / La sangre corre por su rostro espesa / y, mezclada en su llanto, cae al suelo, / donde inmundos gusanos hacen mesa» (2012, 18).

Los hombres que conducen bien sus negocios en este mundo son aquellos que nunca pierden de vista su propio interés, acomodando todas sus acciones a tal fin. El error está en aquellos que no saben cuál es la cifra de su interés. A saber, en aquellos que consideran que este consiste siempre en alguna ventaja económica más que en el honor, más que en saber conservar la reputación y el buen nombre.

* * *

Consejo que recuerda a los lectores que el norte que guía todas las acciones humanas, al punto de constituir una suerte de ley antropológica, es la búsqueda del interés particular. La modernidad de Guicciardini radica en que al identificar el «interés propio» con el «honor» el «buen nombre» y la «reputación» redefine su contenido. De un lado, este queda desvinculando de la concepción clásica y medieval que concebía el «honor» como el premio a una vida de abnegación y entrega al servicio del bien común y la realización de los ideales más altos. De otro lado, el «interés propio» al que apela Guicciardini es algo más elevado que la mera inclinación hacia el beneficio económico, el disfrute del poder o cualquier pequeña ventaja. En definitiva, el honor y la buena reputación son el corolario de una suerte de ética civil que premia a quien cumple con su deber.

Es un acto de sinceridad por parte de quien toma una decisión o sostiene una opinión confesar libremente un cambio de parecer si antes de conocer el resultado se ve empujado a ello por alguna señal. Sin embargo, cuando no está en su poder o no le corresponde a él corregirla, la reputación se conserva mejor haciendo lo contrario. Porque retractándose no puede más que perder la reputación, pues siempre sucederá lo contrario de lo que ha dicho o bien al principio o al final. De donde se sigue que manteniéndose en la primera opinión puede que esté en lo cierto si las cosas sucediesen así, lo que siempre puede ocurrir.

* * *

Advertencia que busca aconsejar el mejor modo de cuidar la reputación en un proceso de toma de decisión. Dado que sostener una cosa y su contraria menoscaba la credibilidad del hombre de Estado, la reputación queda a salvo cuando se mantiene una primera opinión hasta el final —a la espera de que sean los hechos los que dicten sentencia—, salvo que indicios externos obliguen a revisarla. Como todos los consejos de Guicciardini que buscan poner de manifiesto los problemas asociados a la incapacidad de tomar decisiones y sujetarse a sus consecuencias lógicas, también este mira de reojo a la figura de Clemente VII; pontífice a quien en su *Storia d'Italia* Guicciardini presenta como arquetipo de político indeciso e irresoluto, capaz de hacer y deshacer sus propias decisiones con graves consecuencias para su prestigio y credibilidad, como quedó patente en el papel que jugó la Iglesia en el marco de la Liga de Cognac.

Cuando la patria cae en manos de tiranos, creo que es deber de todo buen ciudadano intentar estar cerca de ellos para persuadirles de hacer el bien y conjurar el mal. Ciertamente, a la ciudad le interesa que los hombres de bien siempre tengan autoridad. Y aunque los ignorantes y los facciosos de Florencia lo han entendido siempre de otro modo, se darían cuenta de lo terrible que sería un gobierno de los Medici si no hubiese a su alrededor otra cosa que necios y malvados.

* * *

Consejo de matriz autobiográfica cuya escritura la crítica sitúa después de agosto de 1530, tras la capitulación de Florencia ante las tropas imperiales. Guicciardini fue el elegido por Clemente VII para garantizar el orden público ganándose fama de hombre duro y despiadado (Cfr. Varotti 2016). Para Guicciardini, hombre de ideales republicanos, la colaboración con los Medici siempre supuso un problema de conciencia vivamente sentido. No obstante, desde su acendrado realismo —que entiende la política como una actividad cuya *ultima ratio* es preservar el orden— la colaboración con el régimen de los Medici, justificado como una acción moderadora de su poder, se impuso como la única alternativa viable frente al efecto disolvente que para el Estado de Florencia habían supuesto, a su juicio, las experiencias de gobierno filopopulares. Se trata, además, de un juicio largamente madurado por Guicciardini como muestra el siguiente fragmento del *Dialogo del reggimento di Firenze*, que data de 1525, en el que Guicciardini pone en boca de su *alter ego* Bernardo del Nero lo que sigue: «Pero no veo por qué se puede criticar a quien trata de conservar su autoridad y su grado empeñándose con el gobierno oligárquico [el poder de los Medici] cuando no hay otro remedio. Y si por lo demás vive modestamente y se comporta como un hombre de bien, no solo no ofende a la patria por esto, sino que mucho antes la beneficia, porque teniendo la confianza de quien gobierna puede surgir la ocasión, con su consejo y su obra, de procurar muchos bienes y evitar muchos males. Y nada podría sentar peor a la ciudad que tener al tirano rodeado de hombres malos» (1970, Vol. I, 352).

Cuando algunos de tus enemigos que solían unirse contra ti combaten entre ellos, atacar a una de las partes, aprovechando la oportunidad de abatirlos por separado, es a menudo la causa de que vuelvan a unir sus fuerzas. De aquí que resulte necesario considerar bien la naturaleza del odio que ha nacido entre las partes, así como todas las condiciones y circunstancias en liza para poder resolver cuál es la mejor solución: o atacar a uno de los bandos o, por el contrario, permanecer como espectador y dejarles combatir entre ellos.

* * *

La entrada del ejército de Carlos VIII en la península italiana a finales del siglo XV dio inicio al ciclo de las Guerras de Italia (1494-1559). A partir de esa fecha Francia y España convirtieron la península italiana en el terreno en el que compitieron por la hegemonía política y militar en Europa, poniendo fin a la libertad y autonomía de la que habían gozado los Estados italianos desde firma de la Paz de Lodi (1454). Las Guerras de Italia, por tanto, pusieron a los Estados italianos a merced de los intereses políticos y estratégicos de Francia y España, obligando a cada uno de ellos a tomar partido en la contienda. De modo que la reflexión sobre el problema de la neutralidad cobra pleno sentido en este contexto. En el *Dialogo* Guicciardini desarrolla su posición como sigue: «Cuando la guerra se inicia entre dos príncipes que no tienen tu grandeza —débase esta a tu propia fuerza o a la naturaleza de tus aliados— en tal caso la neutralidad es buena, no solo porque mientras ellos emprenden su guerra te ahorras los esfuerzos y gastos que conllevaría implicarte, sino que al agotarse mutuamente te conviertes, en cierto modo, en más poderoso, lo que a menudo te da la oportunidad de ampliar tu dominio aprovechándote de la debilidad ajena. [...] No obstante, si uno de los dos que se empeñan en la guerra, sea quien sea el vencedor, va a ser más poderoso que tú, en este caso la neutralidad es mala, pues gane quien gane quedarás a su merced sin que tenga la obligación de respetarte; mientras que si te inclinases hacia uno, al menos podrías tener la esperanza de que si resulta vencedor no te destruirá (1970, Vol. I, 365-366). Como puede verse, el razonamiento de Guicciardini sobre la neutralidad asume el principio de la ley del más fuerte, es decir, la tendencia universal del más poderoso a ejercer su domino sobre los que se muestran más débiles. Y en este punto, su idea de las relaciones entre Estados como relaciones de fuerza remite, una vez más, al magisterio de Tucídides (V, 105): «En efecto, creemos que los dioses y los hombres (en el primer caso supuesto se trata de una opinión y en el segundo de una certeza) imperan siempre, en virtud de una ley natural, sobre aquellos a los que superan en poder. Nosotros no hemos establecido esta ley, ni la hemos aplicado los primeros; ya existía cuando la recibimos y habremos de dejarla como legado a la posteridad» (2019, 545).

Referencias bibliográficas mencionadas en la obra

ARISTÓTELES. 2024. *Política*. Introducción,traducción y notas de Carlos García Gual y Aurelio Pérez Jiménez. Madrid: Alianza.

CASTIGLIONE, Baldassare. 2020. *El Cortesano*. Traducción de Juan Boscán. Madrid: Alianza.

CICERÓN. 2015. *Sobre los deberes*. Traducción e introducción de Mª Esperanza Torrego Saldcedo. Madrid: Alianza.

— 2024. *Sobre la vejez / Sobre la amistad*. Traducción, introducción y notas de M.ª Esperanza Torrego Salcedo. Madrid: Alianza

— 2001. D*iscursos contra Marco Antonio o Filípicias*. Madrid: Cátedra.

DANTE. 2005. *Convivio*. Madrid: Cátedra.

— 2012. *Divina comedia*. Versión poética de Abilio Echeverría. Madrid: Alianza

GUICCIARDINI, Francesco. 2016. *Ricordi*. Introducción y comentarios de Carlo Varotti. Roma: Carocci Editore.

— 2023. *Ricordi*. Edición a cargo de Matteo Palumbo. Turín: Giulio Einaudi Editore.

— 2023. *Ricordi*. Edición a cargo de Emilio Pasquani. Milán: Garzantii.

— 1994. Ricordi. Milán: Edición a cargo de Giorgio Masi. Milán: Mursia.

— 1970-1980. *Opere di Francesco Guicciardini*, Edición a cargo de Emanuella Scarano. Turín: UTET.

— 1857. *Opere inedite di Francesco Guicciardini*. Ilustrada por Giuseppe Canestrini y editada y compilada por los condes Piero y Luigi Guicciardini. Florencia: Barbe.

— 1936. *Scritti autobiografici e rari.* Edición a cargo de Roberto Pal-marocchi. Bari: Giulio Laterza & Figli.

— 2022. *Lettere (1499-1540).* Edición a cargo de Paola Moreno. Tu-rín: Giulio Einaudi Editore.

MAQUIAVELO, Nicolás. 2013. *Epistolario 1512-1512.* Traducción, edición y notas de Stella Mastrangelo México: Fondo de Cultu-ra Económica.

— 2023. *El Príncipe.* Edición a cargo de Miguel Ángel Granada. Madrid.: Alianza.

— 2024. *Discursos sobre la primera década de Tito Livio.* Edición a cargo de Ana Martínez Arancón. Madrid: Alianza.

— 2008. *Del arte de la guerra.* Madrid: Tecnos.

OVIDIO. 2024. *Metamorfosis.* Madrid: Alianza.

PETRARCA. 2022. *Cancionero.* Versión de Ángel Crespo. Madrid: Alianza.

PICO DELLA MIRANDOLA. 2025. «Discurso sobre la dignidad hu-mana» en *Sobre la dignidad humana y otros textos del Renacimien-to.* Madrid: Alianza.

Platón. 2024. *La república.* Introducción y traducción de Manuel Fernández-Galiano. Madrid: Alianza.

SAN AGUSTÍN. 2010. *La Ciudad de Dios.* Edición, estudio prelimi-nar, selección de los texto y síntesis de Salvador Antuñano Alea. Madrid: Tecnos.

SENECA. 2018. *Cartas a Lucilio.* Edición de Francisco Socas. Ma-drid: Cátedra.

— 2024. *Sobre la firmeza del sabio / Sobre el ocio / Sobre la tranqui-lidad del alma / Sobre la brevedad de la vida.* Traducción y notas de Fernando Navarro Antolín. Madrid: Alianza.

— 2017. *De la colera.* Introducción, traducción y notas de Enrique Otón. Madrid: Alianza.

— 2018. *Sobre la clemencia.* Introducción, traducción y notas de Carmen Codoñer. Madrid: Alianza.

Créditos de las imágenes

Cronología

Vida y principales obras de Francesco Guicciardini*

1483   Francesco Guicciardini nace en Florencia el 6 de marzo en el barrio de Santo Spirito, en la calle que hoy lleva el nombre de su familia. Tercer hijo de Piero di Iacopo Guicciardini y Simona Gianfigliazzi viene al mundo en una de las familias más antiguas, ricas e influyentes del patriciado florentino. El filósofo neoplatónico Marsilio Ficino, amigo personal de su padre, fue su padrino en el bautizo.

1505   Guicciardini culmina sus estudios en Derecho doctorándose por la rama civil tras un periplo como estudiante que le llevará por Florencia, Ferrara y Padua. Comienza a ejercer la abogacía en su ciudad con un éxito notable, labrándose fama de buen jurista desde el inicio de su carrera. Pertenecen a esta etapa sus primeros ejercicios literarios autobiográficos e históricos como las *Ricordanze, Memorie di famiglia* y las *Storie fiorentine,* que dejará sin terminar.

1508   Guicciardini se casa con María Salviati venciendo la voluntad de su padre. El matrimonio tiene un claro significado político, amén de la reputación y el poder que adornan a la familia Salviati. Al tomar a María Salviati como esposa

---

* Para la elaboración de esta sección se ha tomado como referencia la entrada dedicada a Francesco Guicciardini en el *Dizionario Biografico degli Italiani* de la *Enciclopedia Treccani* elaborada por Pierre Jodogne y Gino Benzoni.

Guicciardini toma partido públicamente por Alamanno Salviati, representante de los intereses de los optimates florentinos y líder de la oposición al gobierno filopopular de Piero Soderini, gonfaloniero vitalicio de la República de Florencia desde su elección el año 1502.

1511-1514 Guicciardini es nombrado embajador de la República de Florencia ante el rey de España, Fernando el Católico, a quien admirará el resto de sus días. Un encargo de extraordinaria importancia dado que Guicciardini no contaba con los treinta años de rigor que el sistema de gobierno florentino exigía para ocupar cargos políticos. El rey Fernando se había sumado en 1511 a la Liga Santa organizada por el papa Julio II para expulsar a los franceses de Italia, aliados tradicionales de Florencia. Guicciardini debía asegurar un acuerdo con el rey de España para proteger la ciudad y su Estado sin por ello adherir Florencia a la Liga Santa. A pesar de que Fernando promete a Guicciardini que no intervendrá en el gobierno de Florencia, ya había decidido la restauración de los Medici. En agosto de 1512 cae el gobierno de Piero Soderini y los Medici retoman el poder con el apoyo de los ejércitos españoles. Estos hechos precipitan el final de la embajada de Guicciardini en España. Su padre, por quien profesa una gran admiración, muere el 2 de diciembre de 1513 y Guicciardini recibe la noticia en el viaje de vuelta a Florencia. Si bien difícil desde el punto de vista diplomático, la embajada de Guicciardini en España resultó un tiempo fértil para su producción literaria. Escribe el *Diario del viaggio in Spagna*, la *Relazione di Spagna* y su primer tratado político, el llamado *Discorso di Logrogno*, en el que aborda por primera vez el que será uno de sus temas de reflexión predilectos: la necesidad de reformar las instituciones de gobierno de Florencia y su Estado. Recoge, además, una treintena de breves reflexiones a las que llama *Ghiribizzi* y que constituyen el núcleo original de los *Ricordi*.

1514-1516 De vuelta en Florencia a comienzos de 1514 Guicciardini retoma el ejercicio de la abogacía. No obstante, el prestigio adquirido durante su embajada en España le permite colmar su ambición de entrar en la vida política florentina y tomar el partido de los Medici, siguiendo la tradición familiar. Entra a formar parte del consejo privado de Lorenzo de Medici —duque de Urbino y dedicatario de *El Príncipe* de Maquiavelo— quien había sido nombrado capitán general de la República y terminaría siendo nuevo señor de la ciudad tras la elección de su tío Giovanni como León X en 1513 y el fallecimiento de su también tío Giuliano, duque de Nemours, en marzo de 1516. Pertenece a esta etapa su importante *Discorso del modo di assicurare lo stato alla casa de' Medici* en el que ya se refleja la ambigüedad que caracterizará la relación de Guicciardini con la Casa de los Medici.

1516-1521 León X nombra a Guicciardini gobernador de Módena en 1516 y de Reggio en 1517. Con ambas nominaciones Guicciardini comienza una brillante carrera como alto funcionario del Estado de la Iglesia. Las dos ciudades y sus territorios, dominio tradicional del ducado de Ferrara antes de someterse al poder pontificio, se caracterizaban por ser el escenario de cruentas luchas entre facciones. Guicciardini tuvo que emplearse a fondo para restablecer el orden y la paz civil en el territorio del Estado de la Iglesia, pero su éxito en la resolución de los conflictos le procuró fama de gobernante inflexible, eficaz y temible. En julio de 1521 Guicciardini es nombrado comisario general del ejército de la Iglesia por León X en el marco de la nueva alianza antifrancesa entre el papa y el emperador Carlos V. Entre sus contribuciones más notables a la campaña bélica destaca la defensa de Parma de la que dará cuenta en la *Relazione della difesa di Parma*. En los momentos de ocio que le permite la guerra contra los franceses comienza su obra política más importante y ambiciosa: el *Dialogo del reggimento di Firenze*.

1521-1525 Tras el breve pontificado de Adriano VI (1522-1523) el cardenal Giulio de Medici —hijo póstumo de Giuliano de Medici, hermano de Lorenzo «el Magnífico», quien fue asesinado en la conjura de los Pazzi de 1478— accede al solio pontificio con el nombre de Clemente VII. Guicciardini era un hombre de confianza del nuevo papa, con quien había tratado en otras ocasiones la mejor manera de gobernar Florencia y su Estado para los Medici cuando el cardenal se convirtió *de facto* en señor de la ciudad tras la muerte del duque de Urbino y de León X. Clemente VII nombra a Guicciardini presidente de la región de la Romaña en 1524, territorio atravesado por graves conflictos que enfrentaban a las ciudades tradicionalmente güelfas —Forlì y Ravena— y a las históricamente gibelinas —Cesena, Imola y Rimini—. El gobierno de Guicciardini volvió a caracterizarse por una rigurosa administración de la justicia y el recurso a medidas extremas para la restauración del orden, como la decapitación del rebelde gibelino Manfredi Maldente. En 1525 concluye la versión definitiva del *Dialogo del reggimento di Firenze*. Algunas de las páginas más brillantes del tratado son el reflejo de un diálogo de gran altura teórica con Maquiavelo. Ambos cultivan una franca amistad desde que el autor de *El Príncipe* visitase a Guicciardini en Módena en 1521.

1525-1527 La victoria del ejército imperial de Carlos V sobre Francia en la batalla de Pavía (1525) —en la que el rey francés Francisco I fue hecho prisionero y trasladado a Madrid— señala el inicio de la primacía del poder español sobre los Estados italianos. Guicciardini se traslada a Roma como consejero personal de Clemente VII y es uno de los más firmes defensores de la necesidad de tomar partido para limitar el poder del emperador en Italia. En mayo de 1526 la Iglesia firma su entrada en la Liga de Cognac que une a Francia, Inglaterra, Venecia, Florencia contra Carlos V. Clemente VII nombra a Guicciardini lugarteniente general del ejército pontificio con plenos poderes en el Estado de la Iglesia. Guicciardini, a su vez, emplea a Maquiavelo como una suerte de secretario dada su experiencia en materia militar. Las vacilaciones del papa, unidas a la lentitud e indecisión del ejército antiimperial, decantan la suerte de la campaña a favor de Carlos V. El brutal *sacco* de Roma, que se inicia el 6 de mayo de 1527 y propicia la capitulación del papa Clemente VII —quien permaneció prisionero en Castillo de Sant'Angelo—, marcan el fracaso de la política antiimperial defendida por Guicciardini. Maquiavelo muere el 21 de junio de 1527.

1527-1528 El *sacco* de Roma precipitó la expulsión de los Medici de Florencia y la instauración de un gobierno filopopular que eligió al moderado Niccolò Capponi como gonfaloniero. A pesar de la buena relación que une a Guicciardini con Capponi —casará a su hija Simona con el primogénito del nuevo gonfaloniero— el nuevo gobierno recela de sus movimientos pues lo considera un hombre de los Medici y en consecuencia es acusado de haber malversado dinero público. Guicciardini consigue demostrar su inocencia de todos los cargos, pero ante el grave ataque a su honor y el deterioro de su reputación decide abandonar la ciudad y refugiarse en el campo toscano, primero en su villa de Finocchieto y después en la de Santa Margherita a Montici. Mientras asiste a la deriva radical de la política florentina desde su exilio voluntario, Guicciardini se entrega a una actividad intelectual frenética. Escribe tres oraciones —*Consolatoria, Accusatoria y Defensoria*— a modo de ejercicios retóricos en los que se defiende de las acusaciones de un tribunal popular; proyecta una gran historia de Florencia a la que titula *Cose fiorentine*, si bien solo escribe el periodo 1375-1441; finalmente reelabora los *Ricordi* dando forma a una nueva redacción —conocida como «B»— que suma un total de 181 consejos o advertencias.

1529-1530 El Tratado de Barcelona firmado por Carlos V y Clemente VII el 29 de junio de 1529 obligó al emperador a restaurar el poder de los Medici en Florencia y al papa a coronar al rey de España como emperador en Bolonia. Mientras tanto, en Florencia Capponi es sustituido por Francesco Carducci —exponente del partido de los *arrabbiati*— que persiguió una política radical decididamente antimedicea y antioligárquica. Guicciardini trata de mediar con el nuevo gobierno de Florencia a petición de Clemente VII. Sin embargo, el gobierno de la ciudad —que permanece asediada por las tropas imperiales desde octubre de 1529— se niega a cerrar un acuerdo con los Medici y declara a Guicciardini traidor a la patria, confiscando todos sus bienes. Tras una resistencia heroica, Florencia capítula en agosto de 1530. La rendición de Florencia encuentra a Guicciardini en Roma, junto a Clemente VII. En Roma se prepara la publicación de los *Discursos* de Maquiavelo con el privilegio papal. Guicciardini, que tiene acceso a la obra, aborda un debate teórico póstumo con su buen amigo: serán las *Considerazioni intorno ai «Discorsi» di Machiavelli*, que dejará inacabadas. De esta etapa romana también data la redacción C y definitiva de los *Ricordi*.

1530-1534 Una vez restaurado el poder de los Medici en Florencia, Guicciardini es el elegido por Clemente VII para garantizar el orden público y castigar a los responsables de los daños causados por el gobierno republicano, ganándose fama de hombre duro y despiadado. En 1531 el papa nombra a Guicciardini gobernador de Bolonia, de nuevo en territorio del Estado de la Iglesia y con el cometido de restaurar el orden público. La vuelta al poder de los Medici trajo consigo una reforma radical de las instituciones del Estado florentino y Guicciardini formará parte de la *balia* (magistratura) de doce prohombres que votarán a favor de la conversión de la república en principado. Alessandro de Medici —hijo de Lorenzo de Medici, duque de Urbino— se convierte en el primer duque de Florencia. Siempre al servicio del Clemente VII, en 1533 acompaña al pontífice a Marsella a título de abogado para supervisar el contrato matrimonial de Catalina de Medici y Enrique de Valois, sobrina del papa y segundogénito del rey de Francia, Francisco I. En septiembre de 1534 muere Clemente VII y la elección de Pablo III —Alessandro Farnesio— como nuevo papa pone fin al gobierno de Guicciardini en Bolonia y a su carrera como funcionario laico del Estado de la Iglesia.

1535-1537 De vuelta en Florencia Guicciardini consigue ocupar un lugar destacado en el círculo de poder de Alessandro de Medici y es nombrado miembro de su consejo personal. Los exiliados florentinos aprovecharon la presencia de Carlos V en Nápoles a finales de 1535 para acusar al nuevo duque de Florencia de comportarse como un tirano por no respetar lo estipulado en el pacto de capitulación de la ciudad firmado en agosto de 1530. Alessandro de Medici confía a Guicciardini su defensa, quien arguye que la «libertad» de Florencia que menciona la capitulación no tenía un significado interno —la vuelta a un régimen republicano— sino externo —la ausencia de dominación extranjera. No obstante, en febrero de 1536 Alessandro de Medici recibe como esposa a Margarita de Austria, hija natural de Carlos V, haciendo visible la subordinación del gobierno de los Medici al poder imperial. En sus momentos de ocio Guicciardini escribe los «Comentarios de la lugartenencia» con el propósito de historiar el periodo 1525-1527 en el que sirvió a Clemente VII como lugarteniente general del ejército pontificio en el marco de la Liga de Cognac. Estos «comentarios» se convertirán en el núcleo original la futura *Storia d'Italia*, convirtiéndose en los libros XVI y XVII.

1537-1538 En enero de 1537 el duque Alessandro de Medici es asesinado por su primo Lorenzino. Guicciardini apoya el nombramiento de Cosimo de Medici —hijo del famoso condotiero Giovanni «de las bandas negras»— como sucesor con el título de duque de Florencia. Guicciardini confiaba en que el joven soberano se plegaría al control del senado, principal órgano deliberativo del nuevo gobierno ducal y representación del poder de la aristocracia florentina en el Estado. No obstante, a pesar de su juventud Cósimo mostró una gran independencia de criterio y se condujo según su voluntad desde el inicio de su gobierno. Sobre todo después de consolidar su poder tras la batalla de Montemurlo en la que los exiliados florentinos —que buscaban abatir el principado y restaurar la república— fueron definitivamente vencidos. Guicciardini mantuvo su condición de consejero de Estado —entre otros cargos, como el de comisario de Pisa— en el gobierno del duque Cósimo de Medici. Sin embargo, en la práctica se vio privado de un poder real y efectivo a causa de la afirmación de un estilo de gobierno absolutista que concentraba todo el poder en la figura del nuevo duque. Esta situación pesa en el ánimo de Guicciardini, quien decide abandonar la política.

1538-1540 Se retira a su villa de Santa Margherita a Montici, situada a las afueras de Florencia. Decide completar y ampliar los «Comentarios de la lugartenencia» y dedica todas sus energías a esta empresa. Fruto de este trabajo nace su gran obra, la *Storia d'Italia*, que pasará a la posteridad como modelo de *ars historica* moderna que supera el estilo retórico y encomiástico de la historiografía renacentista y que pone a Guicciardini a la altura de sus admirados Tucídides y Tácito. Después del verano de 1539 su salud empeora y finalmente muere en Florencia la tarde del 22 de mayo de 1540. Francesco Guicciardini fue enterrado al día siguiente en la tumba familiar ubicada a los pies del altar mayor de la Iglesia de la Santa Felicita, situada en Oltrarno, en la calle que hoy lleva el nombre de la familia.

Los Medici, de Cosimo il Vecchio a Cosimo I

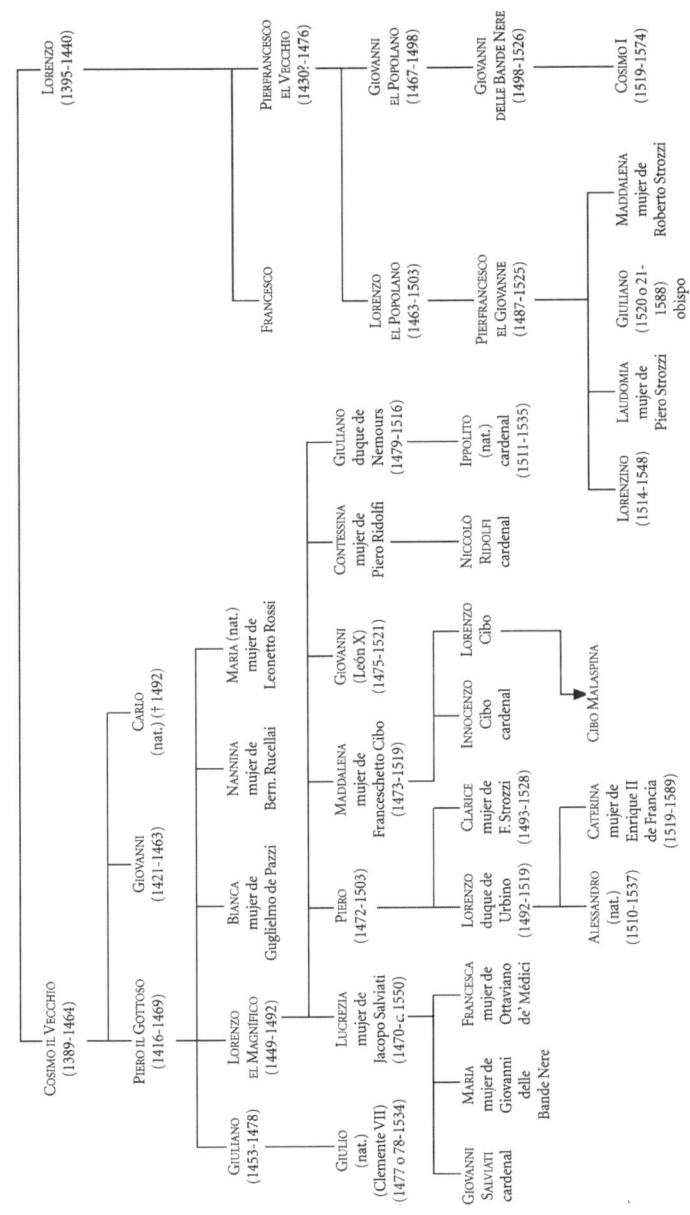